どんな場面も切り抜ける！

公務員の議会答弁術

森下 寿 ◆著
Morishita Hisashi

学陽書房

はじめに

なぜ、自治体の管理職は議会答弁が苦手なのか？

　自治体において、管理職と係長以下の職員との大きな違いは、議会対応をするかどうかです。その中でも、議会答弁は最も重要であり、自治体の管理職としての公の発言であるため、「答弁を間違えてしまうと、今後の仕事に大きな影響を与えてしまう」と言っても過言ではありません。
　しかし、一般的に多くの管理職が議会答弁に苦手意識を持っています。そこには、3つの要因があります。

要因❶　「どのような準備をすればよいのか」（準備）

　答弁するためには、議員への取材をはじめ、事前準備が不可欠です。しかし、答弁準備に関する充実した研修があるわけでもなく、管理職になったらすぐに答弁をしなければなりません。どうすればよいのかわからない中で、見よう見まねでなんとか対応――。これが現実です。

要因❷　「何をどこまで話せばよいのか」（内容）

　例えば、ある行政計画の進捗状況を議員に質問された場合、担当課長が議会でどこまで発表できるかは、実際の進捗状況とは別に考える必要があります。まだ、首長にも報告していないのに、常任委員会などでその内容を話してしまったら、後で首長から叱責されるのは必至です。

要因❸　「何をどのように話せばよいのか」（話し方）

　何をどこまで話せばよいのか、その勘どころをつかめたとしても、何も考えずにそのまま答弁すればよいわけではありません。議会答弁では、本会議でも委員会でも使われる「議会用語」が存在します。例えば「検討する」と「研究する」では、意味は異なります。また、議会では使ってはいけないNGフレーズもあります。さらに、同じ議会用語でも、使っ

てよい議員と使ってはいけない議員がいるのです。これらを理解せずに答弁してしまったら、大変です。

焦らず慌てず、そつなく答弁をこなすためのノウハウを凝縮！

　このように、議会答弁が苦手な理由は、「準備」「内容」「話し方」の3つが「わからない」ことにあります。それゆえ、焦ったり、慌てたりしてしまうのです。そこで本書は、この3つの要因を払拭すべく、実践的なノウハウを1冊にまとめました。

　議会答弁のノウハウを体得するためには、管理職としての実践を積み重ねることを要します。しかし、今まさに答弁に困っている方に、その時間はありません。そこで、私が10年以上に渡り、議会答弁を行う中で身に付けたノウハウのエッセンスを皆さんにお伝えする――これが本書の目的です。

　この目的をかなえるため、本書は3つの特長を掲げました。

特長❶　議員との接し方、質問の予測方法までを明快に解説!

特長❷　答弁の組立てから、頻出の質問、使えるフレーズまでを網羅!

特長❸　困った場面での対応、弱点を払拭する方法も紹介!

　もちろん、各自治体では議会をめぐるさまざまなローカルルールがあり、本書の内容がすべての自治体に当てはまるとは限りませんが、できるだけ共通する部分を抽出し、まとめたつもりです。

　議会答弁で日々、苦労されている自治体の管理職の方々にとって、本書が少しでもお役に立てば幸いです。

2017年7月

森下　寿

どんな場面も切り抜ける！
公務員の議会答弁術
もくじ

第1章 議会答弁の基礎知識

1　本会議答弁とは …………………………………………… 10
2　質疑と質問のちがい ……………………………………… 12
3　委員会答弁とは …………………………………………… 14
4　質問の事前通告制度 ……………………………………… 16
5　一問一答方式と一括質問一括回答方式 ………………… 18
6　各自治体のローカルルール ……………………………… 20
7　議会答弁に欠かせない3つの視点 ……………………… 22

第2章 答弁対策としての議員対応

1　議員の基礎情報を把握しておく ………………………… 26
2　各会派の立場・考え方を理解する ……………………… 28
3　議員と話し合える関係を築く …………………………… 30

- 4 議員の質問傾向をおさえる ……………………… 32
- 5 議員への報告・根回しを忘れない ……………… 34
- 6 議員への説明はタイミング・順番に留意する ………… 36
- 7 議員からの無理な要求には毅然と対応する ………… 38
- 8 議員からの資料要求はすべて記録する ……………… 40

第3章 議会答弁の事前準備

- 1 誰が何を質問するか、情報を得る ……………… 44
- 2 議員に取材して質問情報を得る ………………… 46
- 3 時事ネタから質問を予測する …………………… 48
- 4 国政・他自治体の動向から質問を予測する ………… 50
- 5 議員の関心から質問を予測する ………………… 52
- 6 過去の質問から質問を予測する ………………… 54
- 7 議員に対して事前に説明する …………………… 56
- 8 質問の事前通告がきたら、できるだけ早く取材する … 58
- 9 議員との答弁調整は「どこまで言えるか」がポイント … 60
- 10 想定問答集は箇条書きでまとめる ……………… 62
- 11 議員別の対応表を作成しておく ………………… 64
- 12 他課の案件にも配慮する ………………………… 66

第4章 議会答弁のコツと心得

1. 質問のポイントを整理する ……………………………… 70
2. 答弁は「総論」「各論」「締め」で構成する ……………… 72
3. 本会議答弁は上司と綿密に事前調整する ……………… 74
4. 簡潔明瞭が基本中の基本 ………………………………… 76
5. 大きな声ではっきりと、相手の目を見て答える ……… 78
6. 論理的に説明する ………………………………………… 80
7. 感情的にならず淡々と答える …………………………… 82
8. 議員の立場を考慮して答弁する ………………………… 84
9. 行政は一体であることを忘れない ……………………… 86
10. 自分への質問ではなくても気を抜かない ……………… 88
11. 失敗した答弁はすぐに忘れよう ………………………… 90

第5章 議会答弁 OKフレーズ・NGフレーズ

〈OKフレーズ〉

1. 「○点のご質問をいただきました」……………………… 94
2. 「ご指摘」「ご指摘のとおり」「ご指摘の点をふまえ」… 96
3. 「しかし一方では」………………………………………… 98
4. 「と思います」「と聞いています」……………………… 100
5. 「検討します」「研究します」…………………………… 102

6 「いずれにいたしましても」……………………… 104

〈NGフレーズ〉

7 「○○先生」……………………………………… 106

8 「私はいませんでした」「私の担当ではありません」… 108

9 「財政課に予算を切られました」
　　「上から指示されました」……………………… 110

10 「人員を増やして対応していきます」…………… 112

11 「個人的には○○と思います」…………………… 114

12 「手元に資料がないので答えられません」……… 116

第6章　よくある質問・困ったときの答弁のコツ

1 行政へ提案する質問……………………………… 120

2 事実・方針・認識を確認する質問……………… 122

3 住民の声を代弁する質問………………………… 124

4 行政の責任を追及する質問……………………… 126

5 自分の意見を述べる質問………………………… 128

6 ヤジられてしまったとき………………………… 130

7 議員の質問内容が間違っているとき…………… 132

8 想定外のことを聞かれたとき…………………… 134

9 質問内容を忘れてしまったとき………………… 136

10 議員が怒って質問してきたとき………………… 138

第7章 やってはいけないダメ答弁

1. 資料を棒読みする …………………………………… 142
2. 早口でまくしたてる ………………………………… 144
3. ダラダラと長くメリハリがない …………………… 146
4. 結局何を言っているかわからない ………………… 148
5. 質問に正面から答えていない ……………………… 150
6. ムキになって反論する ……………………………… 152
7. 議員に迎合してしまう ……………………………… 154

第8章 本当に困ったときの答弁裏ワザ集

1. 事前取材ですべて答えてしまう …………………… 158
2. その質問には意味がないと思わせる ……………… 160
3. 質問で生じる不都合を説明する …………………… 162
4. この課長に聞いてもムダと思わせる ……………… 164
5. わざとダラダラ答弁して、時間を浪費する ……… 166

第1章

議会答弁の基礎知識

管理職になったら避けて通れないのが議会答弁。しかし、管理職になったばかりで、議会のことはまだよくわからない方もいるでしょう。そこで、本章では、おさえておくべき基礎知識を解説します。議会における答弁のしくみをしっかりとつかんでください。

1 本会議答弁とは

　議員の質問に対して執行機関（首長部局、行政委員会など）側が行う答弁は、主に本会議答弁と委員会答弁の２つがあります。
　この他にも、全員協議会や幹事長会、また非公式な会議における答弁もありますが、本書ではあくまでも中心となる本会議と委員会での答弁について解説します。
　なお、本会議とは、一般に定例会および臨時会を指しますが、通年議会としている自治体もあります。委員会とは常任委員会、議会運営委員会、特別委員会を指します。

❶ 本会議答弁の３つの特徴

　本会議答弁には、３つの特徴があります。
　１つ目は、**一般質問では、事前通告を前提としている**ことです。本会議質問では、事前に質問内容が通告されます。ただし、通告の内容は各自治体によって異なり、単に質問項目や要旨だけの場合や、ほぼ質問全文を渡すこともあります。それをもとに執行機関側は答弁作成作業に入ります。このため、本会議当日に、議員が通告以外の質問をすることはありません（ただし、質問時間が残ったため、通告に関連した再質問をすることはあります）。
　事前通告については、ときに「やらせ」のように感じるという声もあります。しかしながら、一方では、執行機関側が熟慮して答弁を作成するため、その時点での最大限の答弁を引き出すことにもつながります。こうした点から、本会議における事前通告には、大きな意味があるといえます（なお、後述する緊急質問では事前通告は必要ありません）。
　２つ目は、**答弁を作成する者と実際に答弁をする者が異なる**ことです。

本会議では、一般に役職の高い者が答弁しますが、実際に答弁を作成する者は、それよりも下位であることがほとんどです。例えば、都道府県や政令指定都市であれば、答弁者は局長以上でも、実際に答弁を作成するのは課長以下（係長なども含む）だったりします。

また、それ以外の市区町村であれば、答弁者は部長以上で、やはり実際に答弁を作成するのは課長以下というのが一般的です。いずれも、下位の職員が答弁の原案を作り、上位の職員のチェックを受けて、答弁を完成させるのが一般的です。

3つ目は、**質問者も答弁者もお互いに原稿を読み上げる形になってしまうこと**です。ときに「お芝居」「学芸会」などと揶揄されることがありますが、事前に十分な準備を要することを考えると、やむを得ない点もあります。

❷ 本会議答弁の法的根拠

議会に出席する長その他の執行機関は、説明するために出席を要求されているので、答弁する義務があります。ただし、秘密に属する事項については答弁しないことができます。これは、地方公務員法で守秘義務が課されているためです。

そもそも地方公共団体の長その他の執行機関は、議会への出席権はありません。あくまで議長から要求のある場合に限り、議会に出席しなければならない義務を負っています（地方自治法121条）。

また、法律では出席する執行機関の範囲を定めており、これらの職員を一般に説明員と呼んでいます。

POINT 本会議答弁は、事前通告されてから答弁が作られ、作成者とは別に説明員が答弁する。

2 質疑と質問のちがい

❶ 質疑と質問は異なるもの

「質疑」と「質問」は、似ているようで異なるもの。議会において、この2つは明確な違いがあります。

（1）質疑

質疑は、現に議題となっている事件について提出者（執行機関）に疑義（不明点や疑問点）を質すことをいいます。議員は、自己の意見を述べることはできません。例えば、執行機関が提案する条例が議題となっている際に、執行機関側の提案理由の説明などに対して行われます。

（2）質問

質問は、地方公共団体の行政全般について、**議員が疑問点等を質し、執行機関に問うこと**をいいます。議員は自己の意見を述べ、それについての所見を執行機関に質すことができます。執行機関の政治姿勢、責任を明らかにすることができ、政策の変更や新しい政策の実現につながる場合もあります。

なお、質問には、「一般質問」と「緊急質問」の2種類があります。

一般質問は、定例会のみで行われ、臨時会では行われません。多くの場合、会期の始めに行われ、質問の内容・骨子・要点等を事前に通告します。

緊急質問は、想定していない事態が発生し、その事態が地方公共団体において緊急を要する重要事態である場合に、議会の同意を得て認められます。定例会・臨時会のどちらでも行うことができます。また、一般質問とは違って、事前通告の必要はなく、文書または口頭で議長に申し出ます。

❷ 質疑と質問の法的根拠

　質疑と質問の法的根拠は標準市議会会議規則にあり、以下のように規定されています。

> （議案等の説明、質疑及び委員会付託）
> 第37条　会議に付する事件は、第141条（請願の委員会付託）に規定する場合を除き、会議において提出者の説明を聞き、議員の質疑があるときは質疑の後、議長が所管の常任委員会又は議会運営委員会に付託する。ただし常任委員会に係る事件は、議会の議決で特別委員会に付託することができる。
>
> （発言の通告及び順序）
> 第51条　会議において発言しようとする者は、あらかじめ議長に発言通告書を提出しなければならない。ただし、議事進行、一身上の弁明等については、この限りでない。
> ②　発言通告書には、質疑についてはその要旨、討論については反対又は賛成の別を記載しなければならない。
>
> （一般質問）
> 第62条　議員は、市の一般事務について、議長の許可を得て質問することができる。
> ②　質問者は、議長の定めた期間内に、議長にその要旨を文書で通告しなければならない。
>
> （緊急質問等）
> 第63条　質問が緊急を要するときその他真にやむを得ないと認められるときは、前条の規定にかかわらず、議会の同意を得て質問することができる。

POINT　質疑とは、議題の疑義を質すこと。質問とは、行政全般への疑義を質すこと。議員自身の意見は、質問ならOK。

3 委員会答弁とは

　委員会答弁とは、常任委員会、特別委員会、議会運営委員会における答弁のことをいいます。

　委員会では、議案、陳情、請願、意見書等の審査を行うほか、執行機関側からの報告などを行います。執行機関が提出した議案であれば、提案説明を行い、その後質疑がなされます。また、執行機関側からの報告についても、やりとりが行われます。

　なお、特別委員会の中でも、予算委員会や決算委員会は定例的に設置されます。新年度予算や決算などは、広く行政全般について審議されるため、議長を除く全議員で委員会を構成することが多くなっています。

❶ 委員会答弁は「ガチンコ」

　本会議とは異なり、委員会では基本的に事前通告は行われません。つまり、「ぶっつけ本番」「ガチンコ」でやりとりが行われることがほとんどです。もちろん、委員会前に議員に内容を説明しに行き、「何か質問はありますか」と議員を取材して、事前に質問を把握しておくことはあります。なお、すべての委員会でまったく事前通告をしていないわけはありません。自治体によっては、予算委員会や決算委員会のみ、事前通告制を導入している場合もあります。

　「ガチンコ」である委員会は、その場で質問を聞き取り、答弁しなくてはならないという切迫感があります。一問一答形式で質問と答弁が繰り返されるため、「お芝居」「学芸会」と揶揄されることがある本会議に比べ、より対話調で具体的な内容の議論が行われます。「互いの意見を述べて論じ合う」という印象が、本会議よりも強く感じられるのも特徴です。

❷ 答弁者＝答弁作成者

委員会では、当日質問された内容に答弁するため、答弁は、答弁者自身が作成します。

ただし、これも絶対ではありません。例えば、都道府県などで、委員会の出席者も部長以上である場合は、課長が事前に議員に取材を行い、質問内容を確認して答弁を作成していることがあります。その後、実際に答弁する部長の了解を得て、委員会当日には部長が答弁を行います。

このような委員会形式の場合は、本会議のように「原稿読み上げ」に近いものになります。

❸ 委員会答弁の法的根拠

委員会で執行機関が答弁する法的根拠は、各議会が定める委員会条例などに規定されています。例えば、「標準市議会委員会条例」では次のように定められています。

> （出席説明の要求）
> 第21条　委員会は、審査又は調査のため、市長、教育委員会の教育長、選挙管理委員会の委員長、公平委員会の委員長、農業委員会の会長及び監査委員その他法律に基づく委員会の代表者又は委員並びにその委任又は嘱託を受けた者に対し、説明のため出席を求めようとするときは、議長を経てしなければならない。

ただし、本会議における出席要求とは異なり、法的拘束力はなく、執行機関が出席要求に応じるかは任意とされています。

POINT　本会議答弁とは異なり、基本的に事前通告なし。答弁作成者と説明者が同じで、対話的な議論になる。

4 質問の事前通告制度

❶ 議事を効率的に進めるために

　本会議の質疑や一般質問では、事前に発言通告書を提出することが求められています。これが、事前通告制度です。委員会では、この事前通告制度はありませんが、自治体の独自ルールとして、予算委員会や決算委員会に導入している例はあります。

　なお、本会議でこうした事前通告制度を導入している理由は、発言の順番や時間を整理するためです。これにより、発言の機会を平等にするとともに、議事を効率的に進めることができます。

❷ 発言通告書とは

　発言通告書については、事前に提出すること、質疑については要旨を記載することとされていますが、具体的な内容は規定されておらず、各自治体でルールを定めています。

　例えば、「**本会議の〇日前の17時までに、規定の『発言通告書』を提出する**」などと申し合わせや内規などで決まっているのが一般的です。また、発言の種類（質疑、一般質問など）、発言の要旨、答弁を求める者などをまとめた発言通告書の書式を定め、運用しています。

❸ 実際の事前通告

　議会における形式的なルールとしては、以上のような整理になりますが、実際には少し異なる場合もあります。

　第一に、本会議の一般質問などの場合は、単に質問要旨だけでなく、質問全文が議員から執行機関側に渡されることがあります。

本会議の質問では、1人の議員が15分程度は質問するため、かなりの長文になり、質問範囲も広くなります。

　そこで、質問と答弁の内容に齟齬が生じないよう、**形式的な発言通告書とは別に、議員から質問全文が渡され、それをもとに答弁書を作成する場合がある**のです。

　ちなみに、野党議員の場合は、なかなか質問を渡さずに、しつこく取材をしないと質問内容を教えてくれないこともあります。ただし、やはり質問と答弁がかみ合わないと困るため、質問内容を口頭で教えてくれたり、要旨よりも詳しく内容を説明してくれたりします。

　第二に、委員会での質問についても、実質的に事前通告を行っている場合があります。

　自治体の独自ルールとして予算委員会や決算委員会については、本会議同様に事前通告制度を導入している例などです。この場合も、発言通告書を事前提出した上で、実質的には議員と執行機関でやりとりを行うことがあります。

　また、発言通告書の提出はないものの、都道府県のように、課長が事前に質問内容を確認して答弁書を作成し、部長が答弁するということもあります。

　さらに、事前に議員に委員会の案件などを説明して、質問内容を確認する例もあります。例えば、提案した条例の改正点などを事前に委員会所属の議員に説明し、そこで委員会当日の質問内容を確認してしまうのです。これで、実質的に事前通告があったのと同じことになります。

　このように、事前通告制度については、形式的なルールと実際の慣例等の両方を理解しておく必要があります。

POINT 事前通告制度は効率化のためのルール。議員側が執行機関側に発言通告書を渡すのが一般的。

5 一問一答方式と一括質問一括回答方式

❶ 一問一答方式とは？

　質問および答弁の形式には2種類あります。
　一問一答方式は、**議員が1回の発言で1つの質問を行い、執行機関側も同様に、1回の発言で1つの回答を述べる**スタイルです。一般的に委員会で用いられています。1回の発言は短いため、お互いに何回も発言を繰り返します。ただし、回数制限や質問と答弁の合計時間の上限を設定している場合もあります。
　1つの問題を掘り下げていくため、議論が深まるとともに、緊張感が増すことが特徴です。また、1人の議員の質問に対して、答弁者は必ずしも1人とは限りません。質問内容によっては、別の職員が答えることもあります。具体例としては、以下のようになります。

> **X議員** 保育園の待機児童問題について伺います。本市では、依然として待機児童が発生しており、市民からは認可保育園はもちろんのこと、認可外保育園の増設を求める声が大きくなっています。まず、過去3年間の保育待機児童の推移をお示しください。
>
> **保育課長** 過去3年間の保育園の待機児童数ですが、平成28年が142人、27年が125人、26年が110人となっています。
>
> **X議員** 過去3年間で、保育待機児童は減るどころか、増加傾向にあります。では、この3年間で、保育園の数はどの程度増えていますか。
>
> **保育課長** 認可保育園と認可外保育園を合計しますと、平成28年4月開設は3園、同様に27年が2園、26年が1園となっております。
>
> **X議員** 今の発言をまとめますと、本市では、毎年保育園の増設は行っているものの、待機児童は増えていることになります。増設をさらに加速する必要があると考えますが、市の考えはいかがですか。

❷ 一括質問一括回答方式とは？

　一括質問一括回答方式は、**議員が１回の発言で複数の質問を行い、執行機関側もすべての質問に対し、まとめて回答する**スタイルです。一般的に本会議で用いられ、多くの場合、時間に制限を設けています。

　この方法は、議員もある程度時間をかけて質問できるため、質問だけでなく、自分の考えや認識を披露したり、政策を提案することができます。ただし、どうしても「原稿読み上げ」になってしまうことから、緊張感が薄れてしまうという特徴があります。

　具体例は、以下のようになります。

> **Y議員** 本日、一般質問をする機会を得ましたので、発言通告に基づきまして、大綱３点について質問をします。まず、１点目が、市立公園についてであります。現在、市立公園は142か所あり、市民の方に大変喜ばれている一方、落書きやイタズラも頻発しております。そこで、まず市立公園の防犯カメラ設置について、市の考えを伺います。次に、市立公園の改修について伺います。（中略）次に、市立公園の改修計画について伺います。（中略）質問の大綱２点目は、福祉避難所について伺います。（後略）質問の大綱３点目は、児童の学力向上策について伺います。（後略）
>
> **土木部長** では、私からは質問の１点目の市立公園についてお答えします。（後略）
>
> **福祉部長** 次に、質問の２点目の福祉避難所についてお答えします。（後略）

POINT 基本的に一問一答方式は委員会で、一括質問一括回答方式は本会議で用いられる。

6 各自治体のローカルルール

❶ 会議規則等には必ず目を通す

　議会答弁の方法は、自治体によって異なり、いわばローカルルールが存在します。このことをよく理解しておかないと、思わぬ恥をかいてしまったり、議会や上層部の人間から怒られてしまったりすることがあるので、注意が必要です。

　まず、ローカルルールの根拠を明確にしておきましょう。例えば、地方自治法に規定されている内容は、全国の自治体共通ですが、各自治体で定める会議規則、委員会条例、傍聴規則などは、自治体によって異なります。こうした規定は、議会事務局を経験していないかぎり、あまり意識することはありません。**管理職に昇任して、議会答弁を行うことになったら、すぐに一読しておきましょう。**

　また、議会独自の内規や「申し合わせ集」を作っている場合もあるので、その存在も含めて確認しておくことが必要です。

❷ 慣例・慣習に要注意！

　慣例・慣習は、いわば根拠のないローカルルールです。
　「明確に文書で決められたことではないものの、何となくそう決まっている」という、いわばならわしやしきたりです。明文化されていないルールともいえるでしょう。

　これらは、ベテランの管理職などから口伝えに教えられることが多いようです。昇任したばかりの方は、細かい点も含めて、先輩管理職に確認しておいたほうがよいでしょう。

　具体的な内容は、当然自治体によって異なりますが、やはり「百聞は

一見にしかず」。これまで答弁をしたことがない場合は、本会議や委員会の実際の様子を確認しておきましょう。今ではインターネットなどで見ることもできますし、可能であれば傍聴もしておけば、現場の感覚がわかります。先輩の管理職がどのように答弁しているかは、非常に参考になるはずです。

❸ 具体的な注意点

具体的に注意すべき点には、次のようなものがあります。
（1）答弁者
本会議・委員会で答弁する者は誰か。委員会でも、予算委員会の総括質疑は局長以上、各費目は課長など細かいルールがある場合もあります。
（2）時間や発言回数の制限
自治体によっては、「議員1人の持ち時間は、質問と答弁の合計で20分」「再質問は3回まで」のように細かく規定している場合があります。
（3）答弁の順番
議員の1回の発言の中に複数の質問がある場合、答弁の順番が決められていることがあります。質問された順番、答弁者の役職の高い順番、行政順（組織順）など、さまざまです。
（4）答弁の所作
「答弁する際には、まず手を挙げて、自分の職名を言う」「委員長から指名を受けたら、起立して答弁する」など、所作に関する暗黙のルールもあります。
（5）議員への対応方法
例えば、「議員に質問取りをする場合、複数の管理職で対応する」「発言通告書が提出される前には、議員に取材しない」など、議員への対応についても暗黙のルールがあることがあります。

> **POINT** ローカルルールは必ずある。答弁者・制限・順番・所作・議員への対応方法などをチェックする。

第1章　議会答弁の基礎知識

7 議会答弁に欠かせない3つの視点

❶ 答弁＝議員の成果

　本章の最後に、議会答弁を行う公務員がおさえておくべき「3つの視点」について確認しておきましょう。
　1つ目は、答弁は、議員の成果につながるということです。
　ある議員が質問を通じて政策提案を行い、それが事業化されて実現したら、議員は自分の成果と考えます。「私の提案によって、○○事業が実現した」となり、次の選挙時にアピール材料として使ったり、選挙公報に掲載したりすることができます。
　実際には、ほとんどの場合はその議員が提案したから事業化したという、単純な構図ではありません。ちょうど行政側も検討していたタイミングで質問があった、ということもあります。他の議員も同様の提案をしていたものの、たまたまその議員が本会議で質問する順番だったということもあります。
　また、反対に、執行機関側がその事業を予算化させるために、わざと議員に質問させるということもあります。
　事業化した場合に限らず、執行機関側が「前向きに検討する」などの積極的な答弁をすれば、議員は「行政から前向きな答弁を引き出した」と言って、やはり自分の成果につなげることがあります。
　このため、答弁の内容が議員の成果につながるのは間違いありません。

❷ 答弁は、上司も部下も注目している

　2つ目の視点は、答弁は上司も部下も注目しているということです。例えば、委員会審議などの場合は、関係する部課長はもちろん、市長や

副市長が出席していることもあります。そうなると、当然上司は部下である課長などの答弁を聞いているわけです。

そこで、**自治体の方向性とは異なる発言をしたり、個人的な見解を述べたりすれば、上司のカミナリが落ちるのは必至**です。答弁にあたっては、自分の上司にも注意する必要があります。

また、答弁は部下も聞いています。例えば、非常に細かい地域の話題や事務的な内容の質問については、部下のほうが詳しい場合もあります。しかし、答えるのは管理職ですから、間違った答弁をしないか、部下は冷や冷やすることがあります。ここで、**まったく見当違いの答弁をしてしまうと、議員だけでなく部下からの信用もなくす恐れがある**ことも覚えておいてください。

❸ 答弁は住民のために

3つ目の視点は、答弁は、最終的には住民に反映されるということです。

本会議であろうと委員会であろうと、またその場に傍聴する住民がいなかろうと、最終的には答弁の内容は住民に反映されます。答弁はその時点における自治体の考えや方向性を明確にするものですから、今後の施策に反映されるわけです。その影響を受けるのは住民です。ですから、**目の前に住民がいなくても、常に住民を意識して答弁する**のは当然のことです。

答弁では、どうしても質問している議員にばかり意識が向きがちですが、その先にいる住民のことを忘れないようにしましょう。

> **POINT** 議員、上司・部下、住民、それぞれの視点から答弁を考えよう。

第2章

答弁対策としての議員対応

この章では、答弁対策として知っておかなければならない8つのポイントを解説していきます。答弁は、当然ですが「議員とのやりとり」です。答弁者がするべき、議員への対応や工夫をおさえておけば、答弁の準備がグッとしやすくなります。

1 議員の基礎情報を把握しておく

　議員を知らずして、議会答弁はできません。基礎情報をしっかりとインプットしましょう。

❶ 議員の名前、顔、期数を覚える

　議員の名前と顔を覚えるためには、議会のホームページや議会が発行している広報紙などが役立ちます。あなたがもし、新人管理職であれば、そうしたものをコピーしておき、机に貼っておくのがオススメです。頻繁に目にすれば、記憶にも残りやすくなります。ただし、そうした写真は選挙用に撮影したものが多いため、実際に会ってみると、印象がだいぶ違う場合もあるので、注意が必要です。

　また、期数も大事です。**1期4年の任期を何期務めているのか**。議員も新人・若手・ベテラン・重鎮など、経験年数により、いくつかのタイプに分かれます。これは年齢ではなく、期数によります。ちなみに、本会議や委員会における議席の指定も、期数に基づいて決定している議会が結構あります。

　期数を意識しておらず、議員に報告する順番を間違えてしまい、「なぜ、自分への報告が新人の○○議員よりも後なんだ！」なんて言われてしまうこともあります。正確な期数を覚える必要はありませんが、おおよその経験年数はおさえておきましょう。

❷ 所属会派、役職に注意する

　会派とは、同じような理念・政策を持っている者が集まり、議会内で結成するグループのことをいいます。会派は、必ずしも国における政党とは一致しません。政党と完全に一致する会派も存在しますが、違う政

党の議員同士が同じ会派を構成することもあります。これは、国と自治体では規模やレベルなどが違い、また会派の人数が多いほど役職の確保や議会内での発言力の点でメリットがあるからです。

また、議員の役職もしっかりとおさえておく必要があります。どのような役職に就いているのかによって、対応が異なるので注意しましょう。

役職には、「議会内の役職」と「会派内の役職」の２つがあります。 議会内の役職には、議長、副議長、○○委員長、○○副委員長、監査委員、議会広報委員などがあります。会派内の役職には、幹事長、副幹事長、政調会長、会計などがありますが、名称は必ずしも統一されたものではありません。

なお、議会内・会派内の役職とも、通常は１年ごとに変わります。法的には１年で変わる必要はないものの、役職を独占せず、多くの議員に割り振るため、１年ごとの議長改選に合わせて変更していることが多いようです。

❸ 地盤

最後は、地盤です。**地盤は組織、つまり自分を応援し支持してくれる人たちのことです。** 例えば、市内のある地域で事故が起こった場合などは、その地域を地盤に持つ議員に早急に伝える必要があります。

なお、地盤は必ずしも議員の住所とは一致しないことがあります。それは、会派で自治体内のすべての地域を会派内のいずれかの議員に割り振って担当させていることなどがあるためです。

POINT 議員を知らずして、答弁はできず。名前・顔・期数・会派・役職・地盤は必ずインプットする。

2 各会派の立場・考え方を理解する

　議員が所属する各会派の立場・基本的考え方は、きちんと理解しておきましょう。政党と会派が同一の場合は、政党の考えを会派がそのまま表明することもあります。

❶ 政党と会派の関係

　例えば、以前話題となったカジノ法案は、政党内でも意見がまとまらず、政党によっては自主投票となったことがありました。このような場合、議員が執行機関に対して「カジノ法案について、市としてどのように考えているのか」のような質問をしてくることがあります。

　また、公務員の給与引き上げに反対している政党と関係している会派では、通常は首長寄りの立場であるにもかかわらず、職員の給与条例改正についてだけは反対してくることもあります。

　もちろん、政党とはまったく関係なく、会派として考えをまとめ、それを行政側に投げかけてくることもよくあります。このため、それぞれの会派がどのような主張をしているのかは、注意が必要です。

　ちなみに、**政党と会派が直結している場合は、政党の発行紙や広報紙などを読むと参考になります**。政党の主張をそのまま一般質問で取り上げるケースもあります。また、政党とは完全一致しない会派の場合であっても、議会の広報誌や会派独自で作成する印刷物に、その主張を掲載することがよくあります。

　なお、質問している議員の考えと、政党や会派の質問は必ずしも同一ではないことがあります。「自分の考えは違うけど、政党が主張しているから質問しなくてはいけない」とか「たまたま今回自分が一般質問の順番なので、別に聞きたいわけではないけれど、役目として質問する」

というような場合です。

このように、会派の考えを理解することは、質問を想定する際に、とても役立ちます。なお、基本的には会派は議案に対する賛否などは同一の意思表示を行います（稀に造反する議員が出て、議会内で問題になることもあります）。

❷ 首長にとって与党か野党か

国政では、政権を構成し、行政を担当する政党のことを「与党」と呼びますが、地方議会では、**首長の立場に基本的に賛同する会派が「与党」、反対の立場をとる会派が「野党」**となります。

首長、そして執行機関にとって、その会派が与党か野党かは、きわめて重要であり、答弁内容に大きく関わります。一般的には、与党会派であれば前向き・積極的な答弁となり、野党会派であればその反対となります。同じ質問であっても、答弁のニュアンスが変わってくるのが現実です。

なお、少し細かいのですが、同じ与党でも、首長の出身政党との関係で若干立場が異なります。

首長は、一般的に無所属であることがほとんどです。これは特定の政党に属していると、その政党をよく思わない住民の支持を得られない場合があるためです。このため、首長選挙に立候補する際には、それまで属していた政党を抜けて、無所属として立候補するのが通例です。

会派という視点で考えれば、同じ与党でも、会派単位での首長との近さを考慮する必要があります。**首長の出身政党に最も近い会派が大きな影響力を持つため、答弁も他の会派よりも重きを置いて考えるのが基本**です。

> **POINT** 会派の考えをつかんだ上で、質問を予測する。また、各会派と首長の関係も意識しよう。

3 議員と話し合える関係を築く

　管理職になったら、議員とは今後長く付き合っていくことになります。これまで議員とあまり関係を持っていなかったため、どう付き合ったらよいかわからず、悩む方も多いことでしょう。そこで、私のこれまでの経験も交えてポイントをお伝えしたいと思います。

❶ 議員を甘くみてはいけないが、恐れてもいけない

　まず、当然のことながら議員を甘くみてはいけません。議員は住民から多くの票を得た住民の代表であり、軽んじることはできません。

　もちろん、行政に関する知識や担当する事務については、執行機関の職員のほうが議員よりも詳しいことはよくあります。しかし、議員は行政のあらゆる分野をカバーし、住民に還元しようとする立場です。個別の分野を担当する職員とは異なり、行政の事務全般すべてについて詳しいということはなく、またその必要もありません。

　ときには、議員の質問内容が的外れであったり、勘違いをしていたりすることもあります。これに対して、「そんなことも知らないのですか」といった態度で答弁することは、議員の立場を理解していないことになります。そして、こうした態度を取ると、いずれ痛い目に遭います。

　とはいえ、議員を過度に恐れる必要はありません。「先生の言うことはまさにそのとおりです。何でもやります」といった卑屈な態度では、行政運営はできません。課の運営は破綻し、部下からの信用も失います。

　最初は、少し緊張するかもしれませんが、議員と接触する回数を増やしていき、議員に慣れることが重要です。会話する機会が増えていけば、だんだん議員との接し方も慣れてくるものです。ちなみに、現在の議員の中には、尊大な振る舞いをする人はあまり見かけません。

❷ 理想は本音で話し合える関係を築く

　管理職として業務を進めていくためには、議員と話し合える関係を築くことがきわめて重要です。議員と自治体職員という基本的な関係を十分ふまえた上で、お互いが自分の考えを述べ合い、議論できる関係を築いてください。そのためのポイントは、3つあります。

　1つ目は、**議員の性格を知る**こと。

　せっかちなのか、のんびりしているのか、細かい部分を気にするのか、大雑把なのかなど、人の性格はいろいろ。せっかちな議員に対して、懇切丁寧すぎる答弁では、「慇懃無礼だ！」と言われてしまうこともあります。議員の性格をつかみ、相手に合わせて対応しましょう。

　2つ目は、**言うべきことは言う**こと。

　議員からのさまざまな提案などに対して、イエスなのかノーなのか、さらにその理由を明確に説明する必要があります。議員に気後れせず、あくまで管理職の役目として、言うべきときは言わなくてはなりません。

　これを怠ってしまうと、信頼関係どころか、不信感が生まれてしまい、後々トラブルが発生してしまうこともあります。

　3つ目は、**議員の立場を理解する**こと。

　議員は行政だけでなく、住民や首長、また他の議員の動向なども見て活動しています。このため、場合によっては「自分個人としては行政の立場もわかるけれど、会派としては、この条例には不備があると考えている。だから、次の委員会では厳しい質問をするぞ」などということもあります。しかし、それも議員の立場としてはやむを得ないのです。

POINT　議員には敬意を持ちつつ、過度に恐れない。相手に合わせて真摯に対応し、自分の考えを伝えよう。

4 議員の質問傾向をおさえる

　議員による質問の範囲は幅広く、内容にも濃淡があります。的確に答弁するためには、それぞれの議員の質問傾向を把握することが大切です。ここでは、実際にどのような傾向があるのか、主なものを整理しておきましょう。

❶ とにかく自分の主義主張を述べる質問

　行政に対する質問であっても、自分の意見を述べることが目的であり、答弁自体にあまり重きを置いてない質問です。

　例えば、本会議での場面を想定してもらうとわかりやすいのですが、15分とか20分の長い時間で自分の主義主張を述べる質問です。とにかく自分が言いたいこと、主張したいことを話し続けるのです。

　こうした質問の場合、あまり答弁に期待していないので、行政としては、やや気が楽です。もちろん、全否定や質問にかみ合っていない答弁では困りますが、議員の主義主張に迎合する必要はありません。

❷ 自分の提案に対し、行政の判断を求める質問

　これは先の質問のタイプとは異なり、行政がどのような判断をするか気にしているため、きちんと上司などとも相談し、どのようなニュアンスの答弁をするのかを決めておく必要があります。「前向きに検討する」「現段階では実施は困難である」など、さまざまなケースが考えられますが、**行政の姿勢として、方向性を明確に定めておくことが大切**です。

　また、こうした質問には、きちんと理由も説明する必要があります。実施が困難な場合であれば、「なぜ困難なのか。その要因がなくなれば実施するのか」などと、執拗に質問してくることがあるからです。さら

に、こうした質問の場合は、「前定例会で質問した○○については、その後どうなったのか」などと、時間を置いて質問を繰り返されることがあります。1回答弁しただけで安心せず、引き続きフォローしていくことが大事です。

❸ 自分の興味・関心を追求する質問

例えば、「公約に保育待機児ゼロを掲げた」「消防団のメンバーなので防災対策に興味がある」など、議員個人の興味・関心をひたすら追い求めていく質問です。

こうした質問をする議員は、非常に細かい点も知っていたり、住民の声をよく聞いていたりするので、その内容を熟知しています。また、日頃から所管の部課長によく電話で質問したり、会派控室に呼んで聞いたりしています。日頃の議員対応をきちんと行い、良好な関係を築いていれば特に問題ないのですが、いったん関係がこじれると執拗に追及してくる場合があるため、注意が必要です。

❹ 時事ネタに関する質問

例えば、「○○市の福祉施設で殺傷事件が発生したが、本市の福祉施設の対応はどう考えているのか」「国で議論されているカジノ法案に対する本市の考えは」「△△市のふるさと納税は大きな効果を挙げているが、本市はどう対応するつもりか」などのように、話題となっている時事問題について、自治体の判断や対応を問うものです。

こうした質問については、日頃から情報感度を高めておくことが大事です。議員から質問される前に、首長などから聞かれることもあるため、質問に対してまったくお手上げということはないでしょう。

> **POINT** 質問の代表的なパターンは4つ。主義主張、提案、興味・関心、時事ネタ。

5 議員への報告・根回しを忘れない

　議員と円滑な関係を築くためには、議員への報告・根回しが不可欠です。具体的なポイントは、大きく3つあります。

❶ 何を報告するか

　議員に報告すべき案件は、さまざまです。
　「庁内で決定した○○計画については、正式には次の議会で発表するが、重要な内容なので、事前に議長・副議長・各会派の幹事長に伝えておこう」といった、行政全体で決定した報告もあれば、「△△地域で火事が発生し、死者が出たので、この地域を地盤とする議員に連絡しておこう」といった、課長が自分の判断で行う報告もあります。
　何を報告するかは、自治体によって異なるので、一概にはいえません。ただ、「□□の件を住民から聞いたが、なぜ議員である自分に伝えられていないんだ！」といった事態は避けなければなりません。「伝えていなくて叱責される」ことはあっても、「伝えて怒られる」ということはまずないでしょう。**前任者にどのようなときに議員に報告に行っていたかを聞いておくと、**参考になると思います。

❷ 誰に報告するか

　この点も、おそらく各自治体でルールがあるので、確認しておきましょう。議会の代表者はもちろん議長ですが、議長に伝えたからといって、すべての議員に周知されたことにはなりません。報告の内容によって、議長と副議長のみ、各会派の幹事長、総務委員会委員、○○地域を地盤にする議員など、いろいろなパターンが考えられます。
　なお、報告にあたってはできるだけ資料を持っていくことをおすすめ

します。口頭による報告のみだと、後で「聞いた」「聞いてない」といったトラブルを招く可能性があります。

簡単な内容でもかまわないので、資料にまとめて渡しておきましょう。

もちろん、**議員に渡す資料は、すべて同じものであることが基本**です。議員によって資料が異なると、これも後でトラブルのもとになります。仮に、議員によって報告の内容に差をつける必要がある場合は、口頭で説明しましょう。

❸ 根回しにもいろいろある

議員への根回しにも、いろいろなパターンがあります。

例えば、次の委員会で議案審議があったとします。議案を提案する行政としては、当然その議案に賛成してほしい。そこで、その議案が審議される委員会の委員に対し、事前にその議案について説明し、疑問点や意見などを聞いておくのです。そうすれば、委員会当日に、議員の質問で立ち往生するような事態は避けることができます。

また、議員から一般質問の発言通告書が提出され、本会議で質問されることが判明したとします。この場合、まだ具体的な内容が決まっていなければ、議員に接触して質問内容を確認にしたり、場合によっては質問内容を提案したりして、調整することがあります。

この他にもさまざまな根回しがありますが、実際にどのようなことを対象に行っているかは、各自治体の慣習を確認しておくとよいでしょう。また、根回しをする際には、直属の上司に一言伝えておきましょう。根回しする事項というのは、高度な判断が求められることだったり、微妙な内容であったりするので、自分だけで抱え込まないことが必要です。

POINT　「何を」「誰に」伝えるか考える。しっかり資料を準備して、上司に判断を仰ぎつつ調整しよう。

6 議員への説明はタイミング・順番に留意する

　議員に対しては、どんな場合も配慮が不可欠。それは、もちろん説明するときも意識する必要があります。

❶ 説明のタイミング

　説明するときに大切なことの1つは、タイミングです。
　例えば、事件・事故等が発生し、一刻も早く説明する必要があるなら、できるかぎり速やかに電話をかけて連絡する形になるでしょう。
　また、ある時点で一斉に議会に説明する場合もあります。例えば、文教委員会に属するすべての委員に対し、委員会前に事前に連絡することがあったとします。この場合であれば、できれば同日中に、できなくても数日以内にすべての文教委員に周知することが望まれます。あまり時間が経過してしまうと、「なぜ、自分への報告が遅いのか！」などとのクレームにつながってしまうおそれがあるので注意が必要です。

❷ 説明の順番

　議員に説明するときは、順番にも注意が必要です。
　順番には「議長から伝える」「第一会派の幹事長から連絡する」「特に順番は問わない」など、いくつかのパターンが考えられます。内容によっては、各会派に連絡する場合、①議長・副議長、②各会派幹事長、③総務委員会委員、のようにいくつかのグループに分けて説明する場合もあります。
　また、内容によっては、「議長に伝えないと、次の議員に伝えることができない」とか「第一会派から順番に伝えなくても問題ない」などという場合もあります。

こうした説明するタイミング・順番については、上司や先輩管理職にあらかじめ確認しておきましょう。「どのような案件のときに、どのタイミング・順番で議員に伝えるか」は、ベテラン管理職であれば体得しているはずです。また、判断に迷うときは、独断で決定せず、上司に判断を仰いだほうが安全です。これらを間違えると「何で、自分への報告が今なんだ！」というクレームに直結してしまうからです。
　なお、議員に説明する際には、「各会派の幹事長にお伝えしているのですが……」といった具合に、**相手がどういう立場で報告を受けているのかを最初に断っておく**とよいでしょう。「幹事長として報告を受けているのであれば、後で会派の他の議員に伝えなくてはいけないな」とか、「総務委員会委員という立場ならば、他の議員に伝える必要はないな」などと判断できるからです。

❸ 説明したら日時をメモする

　議員に連絡したら、「2月1日（水）14時20分　○○議員に連絡済み」などと、メモを残しておきましょう。
　私は、ある大物議員とのやりとりをきっかけにこうしたメモを作成するようになりました。きちんと連絡したにもかかわらず、後になって「言った」「言ってない」でもめてしまったことがあったのです。「その件については、2月1日の14時20分にお伝えしたとメモが残っています」と即答できれば、相手の対応もかなり違っていたと思います。
　また、**連絡がとれないときは、留守番電話やFAXなどの証拠を残しておく**ことも重要です。「電話したのですが、留守でした」「電話がつながらなかったので、FAXしました」という記録が後々役立ちます。

> **POINT** 議員への連絡・報告等は、後でトラブルにならないように自衛策を講じておくことも管理職としては必須。

7 議員からの無理な要求には毅然と対応する

　自治体職員は、議員からさまざまな要求を受けることがあります。ときに、「これは、自分への嫌がらせなのか？」と考えたくなるようなことも、正直あります。

❶ できない場合は、きちんと説明する

　期日が短い中で大量の資料提出を求められたり、地域や学校などに調査しないとわからないことについて調べてくれと言われたり。また、正式な本会議の前に、答弁内容を示したときに、「この答弁では不満だから、修正してほしい」と言われることもありました。

　できることには、応えます。しかし、どうしても要求に応えることが困難な場合は、毅然と対応することが必要です。

　例えば、冒頭に挙げた、期日が短い中で大量の資料提出を求められるケースであれば、どうしても困難な場合には、はっきりと困難な理由を説明して、理解を得ることが大事です。安請け合いして、後で「やっぱりできませんでした」では、議員との関係を壊してしまうことにもつながります。

　また、無理をして要求を受けてしまうことも、決してよいとはいえません。こうした資料要求の場合、本会議や委員会の質問のネタに使われることがよくあります。一度要求に応えてしまうと、毎年同じような資料を要求され、あなたが異動した後は、後任の課長も同様の要求に応えなければなりません。**単に自分が対応できるかどうかだけでなく、組織として対応すべきかどうか、という観点からも考える必要があります。**

❷ あくまで組織として対応する

「この答弁では不満だから、修正してほしい」というケースでは、通常、本会議答弁は首長までの確認を取っているため、その後に議員から修正要求があっても、困難なことがほとんどです。議員も、答弁の作成過程を理解していれば、こうした無理な要求をすることは、一般的にはありません。しかし、作成過程を知っていても、あえて修正を求めてくることがあります。

この場合でも、基本的には「すでに首長の確認もしておりますので……」と断ることになります。それでも、強く要求してくるような場合には、「上司と相談させてください」といったん引き取り、上司である部長等と対応を協議します。ここでもやはり、組織として対応することが必要です。**自分1人で判断したり、抱え込んだりせず、組織として対応することがトラブル回避のために重要**です。

実際に、私がこうした要求を受けたときは、部長が直接その議員に掛け合ってくれました。これは、議員とその部長の個人的な人間関係が役立った事例です。日頃から信頼関係を構築しておいたことで、過度な要求を取り下げてくれたといえます。仮に、もしそこでも話がつかなかったら、副市長などにも相談に行ったかもしれません。

ちなみに、当該議員と話がつかない場合は、その会派の幹事長などに相談することもあります。要求の内容にもよりますが、ケースによっては「それは、先生個人ではなく、会派としての意見ですか？」と釘を刺し、「では、幹事長とも相談させてください」と、やはり組織的対応を図ることが有効です。

> **POINT** できないことは、できない。組織として対応することを考え、1人で抱え込まないテクニックを覚える。

8 議員からの資料要求はすべて記録する

　どんなことも、記録しておいて困ることはありません。議員から資料要求があったときは、必ず対応結果を記録しておきましょう。

❶「いつ、誰に、何の資料を渡したか」を記録する

　「いつ、誰に、何の資料を渡したか」は、メモをした上で、渡した資料を1つのファイルにまとめておきましょう。

　このファイルがあれば、どの議員に何の資料を渡したか一目瞭然です。議員が資料を受領したのを忘れて、再び「○○の資料がほしい」と言われた場合でも、「2月2日に、お渡ししましたよ」と即答できます。また、議員が資料を紛失して、何回も同じ資料を要求される場合もすぐにコピーして渡すことができます。

　資料を渡した際には、議員からの質問や、どのようなことを説明したかについてもメモしておきましょう。議員に渡した資料は、本会議や委員会での質問の材料に使われるものです。つまり、議員からの質問を予想するための大事な情報源にもなるのです。会話などから、議員が実際に興味を持っている事柄がわかります。それらは、後日質問される可能性が非常に高いものです。単に、渡した資料を綴っておくだけでなく、会話のメモがあるとより質問が明確になります。

　ちなみに、記録を振り返ると、「A議員は、1月頃に必ず職員定数の資料を要求して、予算委員会で必ず質問する」といった「法則」を見つけることもあります。これで、議員の癖や特徴を把握することも可能となるのです。

❷ 野党議員対策として必要な記録

　野党議員は、基本的に執行機関を追及しようとして、いろいろな資料を要求してきます。言い方は悪いですが、行政の「あらさがし」をするのです。議員は入手した資料をもとに質問を作りますが、野党議員に渡した資料は、特に高い確率で質問につながります。

　なお、野党会派の場合は、資料を所属議員間で共有することが多く、A議員が要求した資料を、B議員が質問の材料にすることもあります。例えば、質問を作成する場合でも、議員個人で考えるのではなく、会派全体で質問項目や内容を決め、それを所属議員に割り振る形です。つまり、A議員が調査するものの、実際に質問するのはB議員ということが結構あるのです。このため、**資料要求したA議員の質問だけを注意するのでなく、野党会派のすべての議員の質問に注意する必要があります**。

❸ 記録は後任者に引き継ぐ

　ちなみに、この記録は後任者にとっても貴重な情報です。

　その役職・ポストにおいて、どの議員がどの分野に興味を持っており、実際にどのような質問につながったのかが一目瞭然となるからです。

　議員からの質問は管理職であれば誰しも気になるもの。人事異動に伴う定例的な引継ぎに加えて、こうした情報があれば、非常に有効です。できれば、引継ぎの際に、この記録をもとにして議員とどのようなやりとりがあったかを後任者に伝えてあげると、後任者も実際の質問のイメージがしやすくなり、喜ばれるでしょう。

> **POINT** 議員への対応は必ずメモに残す。ファイルにまとめておくと、組織としても役立つ記録になる。

第3章

議会答弁の事前準備

　第2章の議員対策を、具体的に答弁の事前準備に活かしていきましょう。事前準備でまず大切なのは「予測を立てる」こと。立てた予測に応じて、議員への根回しや想定問答集の作成をすることが肝要です。取りこぼしのないよう、広い視野を持って取り組みましょう。

1 誰が何を質問するか、情報を得る

　本会議、委員会のどちらも、「どの議員が何を質問するか」の情報をいち早く知ることが大事です。こうした情報が早ければ早いほど、議員に取材する時間や答弁を作成する時間を確保できるからです。

❶ 早めに情報を集める

　本会議では、定例会ごとに質問を行う会派の人数が事前に決められていることがあります。この場合、通常はその会派に属する議員の人数が定例会ごとに割り振られており、全議員がどこかの定例会で質問することが一般的です。

　そのため、定例会前に議員（できれば会派の幹事長）に接触し、「**今度の定例会では、どなたが質問を行いますか？**」と確認しておくと、早めに質問者を特定することができます。

　また、本会議の場合は、「新年度予算を審議する第１回定例会では、会派の幹事長が代表質問を行う」とか、「決算を審議する第３回定例会では、副幹事長が代表質問を行う」など、会派によってルール化している場合があります。このようにルール化されている場合、質問者はすぐにわかるでしょう。

　なお、委員会でも事前通告制が導入されている場合は、事前通告の締切期限よりも前に議員に取材して、質問者情報を得ることが有効です。会派としても、「会派の中で誰も質問しない」ということは、あまりありません。このため、早めに会派内の議員の中で、質問者を割り振ることが一般的ですから、締切期限以前に取材に行けば、案外簡単に教えてくれることがあります。

❷ 情報は集約して、共有する

　質問者や質問内容などの情報は、執行機関全体で集約して、共有するシステムがあると、とても役立ちます。管理職がバラバラに議員に取材に行っても、「また来たの？　質問者のことは、○○課長にもう伝えたのに」と言われてしまうからです。執行機関全体で情報を集め、共有できるようにしておくと、こうした事態を避けることができ、より効率的です。

　例えば、とにかく得た情報を特定の管理職（例えば、財政課長や総務課長など）のところに集め、その人が定期的にすべての管理職にメールで送付するなど、情報を一極集中化するしくみをつくっておくのです。こうすれば、とにかく質問に関しては、その管理職に聞けば最新情報がわかります（取りまとめをする管理職は大変ですが……）。

　あるいは、全庁で管理職だけが共有できるパソコンのフォルダやファイルをつくり、そこに各自が得た情報を入力していくのです。そうすれば、常に全管理職が最新情報を共有できることになります。

　最悪なのは、情報を聞きっ放しにして、他の管理職に伝えないことです。以前、ある課長がA議員に取材に行ったところ、「今回、僕は○○について質問するので、あなたへの質問はないよ」と言われたことがありました。その○○が、私の担当部署の質問だったのですが、その課長は、自分には関係がないため、私に連絡もせずに放っていたのです。せめて電話で情報を提供してくれていたら、早めにA議員に取材できたのですが、結局は対応が後手になってしまいました。

　質問に関する情報は、管理職の誰もがほしがっている情報です。こんなときこそ、管理職全体でチームワークを発揮して対応したいものです。

> **POINT**　質問に関する情報収集は、「早め」に「チーム」で共有しよう。管理職全体での協力が必須。

2 議員に取材して質問情報を得る

❶ 議員への取材は必須

　事前通告後に議員に質問内容を確認しに行ったり、議員に質問に関して取材したりして情報収集をすることは、管理職にとって欠かせません。

　取材相手である議員本人が質問するかどうかだけではなく、同じ会派内のことや、個人的に親しい議員のことなど、いろいろな情報を得ることができます。普段から議員との人間関係を構築し、情報を得やすい環境を整えておきましょう。

❷ 議員と一緒に質問をまとめることも多い

　こちらから取材する前に、議員が質問を完成させていることはどちらかというと稀だと思います。もちろん行政の答弁には期待せず、とにかく自分の主義主張を言いたいタイプの議員は、前もって質問内容を固めていることもあります。

　しかし、多くの場合は、取材に行ってみると、「まだ、何も決めてないんだよ」とか「項目は決めたんだけど、中身が決まっていないんだよ」などと言われます。「反対に、何かいいネタはない？」とか「ちょっと、○○について教えてくれる？」などと、逆に取材されることもよくあります。

　この場合、どのような質問がいいか議員と一緒になって考えることになります。「こんな質問だったら、どんな答弁になる？」と、ある程度の答弁内容を見据えながら、質問を作っていくこともあります。議員としては、「的外れな質問にはしたくない」「よい答弁を引き出したい」という思いがあるため、よいか悪いかは別にして、行政としても質問作り

をサポートしていくことは、よくあります。

　実際に、行政の立場として、「○○について質問するのであれば、こういう視点から質問してほしい」「現在、住民と協議が大詰めの段階になっているので、△△については質問しないでほしい」などと伝えることもあります。

　このため、質問は「やらせ」だとか「出来レース」などと言われることもありますが、こうした取材によって、議員と行政がお互いの立場を理解することで、結果として住民にとっても「よい質問」ができあがるなら、個人的には、いいのではないかと考えています。

❸ 質問を他の部署に振る

　これは少々禁じ手ではありますが、こうした取材にあたって、質問を他の部署に振ってしまうということがあります。

　例えば、自分が生活保護課長で議員に取材に行ったところ、議員との会話から、質問に適した内容が見つからなかったとします。そこで議員から「何かいい質問はないかな？」と聞かれ、「そういえば、先日、○○市の学校で自殺がありましたので、学校における自殺対策はどうですか」などと、他の部署への質問に変えてしまうこともあります。

　質問を振られた側にとっては迷惑ですが、現実にはこのようなこともあります。もちろん、自分への質問を避けるために、他の部署へ頻繁に質問を振っていたら、他の管理職から白い目で見られてしまいます。一方的に質問を振るだけでなく、自分のところに振られることもあるので、お互い様というところでしょうか。

> **POINT** 取材の肝は「人間関係」。議員とよい関係を築いて、答弁を一緒に作ったり、質問の方向性を探ったりする。

3 時事ネタから質問を予測する

❶ 質問を予測する

　ここからは、議員からの質問を予測する方法についていくつか整理しておきたいと思います。もちろん質問を予測したからといって、それがいつも当たるわけではありません。仮に当たったとしても、答弁作成にはやはり苦労することになります。

　しかし、質問を予測することで、日頃から議員の質問についての勘所を養う、いわば「質問感覚」を磨いておくことは大切です。

　「隣の市の○○事業が、盛んにマスコミで取り上げられている。A議員は、他の自治体との比較が好きだから、きっと○○について聞いてくるだろう」とか「△△議員は、いつも決算で事業の執行率について質問するから、執行率の低い□□事業について調べておこう」などのように、質問感覚を養うことで、事前に準備可能となるのです。こうした感覚は、管理職としては重要な感覚であり、非常に役立ちます。

❷ 時事ネタは質問の王道

　ある議員から、質問の多くは新聞からネタを拾っている、という話を聞いたことがあります。時事ネタは話題として新鮮ですし、タイムリーなので住民にとってもわかりやすいのです。

　例えば、ある市で公園の遊具が破損し、児童が大怪我をしたことがマスコミで報道されたとします。そうすると、「市内の遊具の数」「安全管理体制」「児童への周知徹底方法」などが問われます。

　つまり、「○○市では、このような事故になってしまったが、本市では十分な安全対策が行われているのか」といった質問です。

また、例えば2016年に、相模原市の障害者施設で殺傷事件がありました。これに伴い、障害者施設などの福祉施設で安全対策が大きくクローズアップされ、どこの自治体でも監視カメラの設置などの安全対策が講じられました。このように大きな事件になると、住民の関心が高まるとともに、予算化されやすくなるのです。

　つまり、「事件発生」→「マスコミで報道」→「質問で取り上げられる」→「予算化」といった流れです。

❸ 時事ネタには敏感になる

　管理職であれば、こうした時事ネタには敏感になる必要があります。議員から質問として取り上げられることもありますが、質問されなかったとしても、こうした事件があると、住民からもすぐに問い合わせがありますし、首長から現状報告を求められることも少なくありません。

　その際、すぐに「○○という事件がありましたが、**本市では従来から△△という対策を行っています。しかし、□□という課題がありますので、今後検討していきます**」と答えられるのが理想です。「本市では、まだ何もやっていません」では、住民からも疑問を持たれてしまいます。

　このため、日頃から新聞やテレビの報道などに注意しておくのはもちろん、担当事業に関連した専門誌なども一通り目を通しておきましょう。大きく報道されなくても、特定の分野の中では時事ネタとなっていることもあるので、注意が必要です。

> **POINT** 時事ネタは質問材料の宝庫。話題性が大きく予算化の可能性も高いため、メディアからの情報収集は怠らない。

4 国政・他自治体の動向から質問を予測する

❶ 国政に関する質問

　国政の動向に関する質問は、大きく２つの種類があります。
（１）外交や防衛など、国の専管事項に関する質問
　こうした事柄について、自治体の執行機関に問うことに意味があるのかは、議論があるかもしれません。しかし、自治体内に米軍基地があったり、朝鮮半島のミサイル危機が直面していたりする自治体では、住民にとっても大きな関心事です。まさに地域の問題であり、自治体の長としての政治姿勢を問う質問として、本会議などでも取り上げられます。
　また、野党会派では、政党紙などで展開している主張内容をそのまま質問してくることがよくあります。国会などで、関連法案が審議され、それが大きくマスコミで報道されているような場合などです。こうした場合、首長が明確な政治的主張を持つ場合を除いて、「国の動向を見守ります」とか「今後、国民世論の推移を注視してまいります」などのような答弁になることが多いかと思います。
（２）国の専管事項以外で、自治体に少なからず影響のある質問
　最近では、カジノ法案や共謀罪などがあります。どちらも、住民生活に大きく関係するため、議員にとっても関心の高いテーマです。
　こうした質問も、（１）で挙げた国の専管事項に関する質問と同様に、慎重な答弁になるでしょう。しかし、例えばカジノ法案の場合、カジノを誘致したい自治体であれば、首長の答弁も積極的な内容となります。また、共謀罪も住民生活の制限につながると考えれば、首長が踏み込んだ答弁をすることも当然考えられます。
　ただし、実際には、政党色の強い会派や強い政治思想を持っている議

員以外は、こうした国政に関する質問をすることは多くありません。

❷ 他自治体の動向を議員は気にしている

次に、他自治体の動向に関する質問です。

議員は、他の自治体の動向を非常に気にしています。人口や財政規模が同等であれば、行政サービスなどが類似していることはよくあります。このため、「近隣のＡ市で大きな成果を挙げている事業」とか「全国的に注目されている施策」などの情報については敏感です。

このため、そうした他自治体の動向をふまえて質問することはよくあります。情報源としては、「ガバナンス」（ぎょうせい）、「自治実務セミナー」（第一法規）などの専門誌のほか、「議員NAVI」（第一法規）などのネット情報があります。また、福祉や防災など、分野別の専門誌等でも、先進自治体の取組事例が特集されることがあります。

答弁対策を考えた場合、こうした情報源は、管理職としても注視しておいたほうがよいでしょう。おそらく多くの職場では、こうした専門誌などを年間購読しており、職員に回覧しているはずです。こうした**回覧物をないがしろにせず、ポイントを絞ってチェックする癖をつけておけば、情報感度を高めることができます。**

さらに、県内や近隣の自治体で、同じ事業の担当者が集まる「課長会」や「担当者会」を開催していることも多いかと思います。こうした会議での情報も貴重です。すべて覚えておく必要はありませんが、情報源がどこにあるかは確認しておきましょう。

> **POINT** 国や他の自治体の動向は、議員にとって恰好の質問ポイント。自部署に関係のある話題はおさえておこう。

5 議員の関心から質問を予測する

　議員は、政党や会派の考えなどから質問をすることもありますが、一般的に、多くの議員は自分の関心のある内容について質問します。では、議員はどのようなことに関心を持ち、質問になりやすいのでしょうか。

❶ まずは「地盤」

　1つ目は、地盤に関するものです。議員の地盤で何か問題があったり、話題があったりすれば、それは最近のトピックスという点から質問になります。当然のことながら、議員は地盤を重要視するため、「自分の地盤で何か課題はないか？」と常に気にしているものです。実際に住民から、「○○で困っているから、何とか役所にかけあってくれ」と陳情されていることも少なくありません。

　こうした地盤に関する質問は、直接住民にも成果が還元されるので、議員は実績を上げるためにも、非常に重要視しています。

　管理職としては、**その議員の地盤で最近起こった出来事をふまえて質問を予測することが大切**です。

❷ 議員が所属する団体、グループ等

　2つ目は、例えば、小学校のPTAの役員をしている、消防団に加入している、バドミントン連盟の会長をしているなど、議員が所属している団体やグループに関連する質問です。

　議員はさまざまな地域活動をしており、いろいろな団体やグループに所属しています。そのため、その団体やグループのメンバーの意見を役所の事業に反映させようとして、質問をすることがあります。議員としては、団体のメンバー等から直接意見を聞いているため、質問につなげ

やすいのです。

　もちろん、特定個人の意見をそのまま質問にすることは難しいものの、「その団体の総意として、○○を役所に要望した」といった事実があると、議員としては「地域からこのような要望があるが、役所としてはどのように対応するつもりか」などと質問してきます。

　また、議員が直接所属していなくても付き合いのある団体との関係で質問してくることもあります。地域団体、業界団体、NPO、地域サークルなどさまざまです。実際に、議員がどのような団体と付き合いがあるのかを調べるのは難しいかもしれませんが、その議員が過去に行った質問から、議員と関係している団体が判明することがあります。

❸ 議員個人の関心事

　3つ目は、議員が純粋に関心を持っている分野の質問です。

　福祉、教育などの各事業の場合もあれば、財政運営や行財政改革など行財政運営の根幹の場合もあります。特定の議員が何回も同じような質問をしてくるため、**議事録から議員の関心がつかみとれる**はずです。

　ちなみに、議員に前職がある場合は、必ずその分野について質問してきます。前職に関する知識を多く持っているため、他の分野よりも深く質問できるからです。こうしたときは、事前に議員の経験なども聞きながら、意見交換をしたり、行政の立場を説明したりすると、対決姿勢にならずに済みます。

> **POINT**　議員の関心は「地盤」「所属団体」「興味分野」。議員の基礎情報をリサーチしておけば、予測ができる。

6 過去の質問から質問を予測する

❶ 異動前には議事録を確認しておく

　過去に質問された事項について、再び質問されるというのはよくあることです。

　そこで、例えばある部署に異動し、初めて委員会で答弁するような場合は、必ず本会議や委員会の議事録は確認しておきましょう。異動が決まった時点で、前年（過去1年）分の議事録（本会議・委員会とも）をまとめておき、異動前に一読しておくと、実際の質問の様子や課題がよくわかります。

　また、異動の引継ぎの際には、議事録をもとに前任者にどのような点がポイントかを確認しておくと、とても役立ちます。

　場合によっては、前任者が質問後に議員と会話して、議員から本音を聞いていることもあります。そうした議事録には表れない事情も聞いておけば、より参考になります。

❷ 議事録で確認する3つのポイント

　1つ目は、**特定の事業や課題に対する質問**です。例えば、「ある事業の実績について、第3回定例会の所管委員会で報告すると、例年、△△について質問される」というような場合です。

　委員会の報告事項のような場合、報告内容が毎年大きく変わることはありません。その年の特徴や過去の経緯との関係など、質問の着眼点はほぼ同じです。そのため、「○○事業については、参加者数や参加者の意見がポイントだな」などと整理することができれば、質問への対策を講じることができます。

2つ目は、**各議員の質問に着目する**ことです。ある議員が特定の事業に興味を持ち、内容に対して細かく質問するような場合です。これは、議員の興味に直結する問題ですから、議員個人の関心分野を知ることができ、その議員の質問対策となります。

　議員によっては、同じ常任委員会に何年も属していたり、予算委員会や決算委員会で、例年、同じ質問を繰り返したりする場合があります。このため、「〇〇議員といえば、防災に関する質問をする」といった個人の特性を見つけることもできます。

　3つ目は、**以前に「今後、検討していきます」と答弁した質問**です。「今後検討します」と答弁した質問には注意が必要です。なぜなら、その後で「前回の委員会で『検討します』との答弁があったが、その後、どのような状況になっているのか」と聞かれることがあるからです。議員によっては、執拗にその後の状況を質問する議員もいるため、「検討します」を安易に多用することは避けたほうがよいでしょう。

　「検討します」と言っているので、「その後、何もしていません」とは答えられません。もちろん、すぐに「今後、予算化を検討します」などの積極的な答弁ができればよいのですが、そうでない場合は、どのような答弁ができるか、事前に検討しておく必要があります。

　特に、前任者が「今後、検討します」と言った内容について、現任者が「前任者が言ったことなので知りません」とは答弁できません。やはり、同じ職にある者として責任ある答弁が必要になります。前任者に事情を聞くなどして、フォローしておくことが重要です。

POINT 　同じ質問が繰り返されるのはよくあること。特定の課題、議員の関心、「検討します」と言った答弁は要注意。

7 議員に対して事前に説明する

❶ 事前説明で質問を回避する

　議会答弁の準備という視点で考えると、議員への事前説明は重要です。本会議や委員会での事前通告制度により、発言通告書が送られてきたら、質問を避けることはできません。しかし、通告前に議員への事前説明を行うことで、質問されずに済むことがあります。

　例えば、ある事件が発生したとします。タイムリーで住民の関心も高く、多くの議員が質問したいと考えていることでしょう。そんなときは、質問の通告前にその事件の概要や対応について、議員に説明してしまいましょう。議員に疑問点があれば、そこで対応します。

　すると、議員はその事件の概要や対応について、十分知ることになります。そうなると、この事件への関心が薄まり、新鮮みがなくなります。言い方は悪いですが、この事件に飽きてしまうのです。そうすると、質問に至らないことがあります。

　議員の立場からすれば、知らないこと、疑問に思っていることがあれば、「今度、質問しよう」となるのですが、ある程度内容を知ってしまうと興味を失います。

　これは、事件などの突発的な事項に限りません。例えば、日頃から自分の事業について説明したり、議員から電話で問い合わせがあった場合も丁寧に対応したりしておくことで、「この事業についてはもうわかっているから、特に質問することもないな」となるのです。もちろん、何をどの程度説明するかという問題はありますが、このように、議員への事前説明は答弁対策として有効です。

❷ 事前説明で質問内容が精査できる

　仮に議員が質問として取り上げることになった場合でも、事前説明は有効です。**情報を伝えておくことで、「突拍子もない質問」とか「的外れな質問」などを避けることができる**からです。「今度、危機管理について質問したいんだけど、ちょっと話を聞かせてくれる？」などと議員から呼ばれたら、丁寧に説明することが大事です。

　いきなり発言通告書が来て、議員に取材してみたら、まったく問題を理解しておらず、発言通告書自体の修正が必要になった、などのロスを避けることができます。

　また、執行機関側の立場として、「この問題については、今は質問で取り上げてもらいたくない」場合もあります。いきなり発言通告書を送られて、後で取り返しのつかない状況にならないよう、一定の事前説明をしておきましょう。

❸ 議員への説明はパターン化しておく

　議員への説明はパターン化しておくのがオススメです。

　あくまで一例ですが、必要なものは、説明資料と説明内容をまとめたメモです。メモがあれば、議員によって説明が異なるということが避けられ、説明にあたっていちいち考えずに済みます。説明が終わったら、日付、時刻、議員からの質問事項や意見などをメモし、それら一式をファイルしておきます。

　このようにパターン化することによって、説明のたびに考える手間が省け、過去にどのような対応を行ったかも一目瞭然となります。

POINT　事前説明で、質問回避の先手を打ったり、質問の内容を質したりしておけば、答弁がラクになる。

8 質問の事前通告がきたら、できるだけ早く取材する

❶ 急いで面談の約束を取る

　議会のルールに従って事前通告がきたら、できるだけ早く当該議員に取材をかけましょう。

　議員は忙しいため、時間の確保が難しい人がほとんど。答弁を作成するまではまだ余裕があると思っていても、議員が忙しくてなかなか会う時間を確保できない場合もあります。このため、**事前通告がきたら、すぐに電話を入れ、早めに面談の約束をします。**

　取材の目的は、質問の内容を確認することです。議員が事前通告をしたからといって、質問の内容が確定しているとはかぎりません。実際には「締切時間だから事前通告するけど、質問の具体的内容は後でじっくり考えよう」と思っている議員も少なくありません。このため、ようやく議員と面談したのに、「実は、質問の内容は何も決まっていないんだ」という議員もいるのです。

　こうなると大変です。短時間で、質問内容の確定、答弁の作成までを仕上げなければなりません。先のような議員の状況を把握するためにも、早く取材することが重要です。

❷ 質問の具体的内容を確認する

　まずは、質問の内容を確認しましょう。**発言通告書は質問の概要しか書かれていないので、具体的な内容がわからない場合があります。**

　例えば、「財政状況について」のような漠然とした項目だったとします。市の財政状況のよし悪しについての質問なのか、基金や起債残高に関する質問なのか、議員本人に聞かないと、具体的な内容はわかりませ

ん。まずは、質問の具体的内容を確認することが第一です。

❸ 答弁の内容を想定する

また、答弁の内容を想定することも大切です。例えば、財政状況に関する質問であれば、「財政状況が厳しいので、もっと行政改革を推し進めるべきではないか」と、「ある程度基金残高があるので、景気が完全に回復しない現在は、基金を取り崩して住民サービスに充てるべきではないか」では、同じ「財政状況について」の質問でも、議員のスタンスは異なります。

取材にあたっては、答弁のおおよその内容を説明し、「○○のような質問であれば、△△のような答弁になります」という感じで、意見交換を行います。質問と答弁が全くかみ合っていないのでは困りますし、また議員が「そんな答弁では困る」と言う内容でも困るからです。**想定される答弁の内容を議員に理解してもらい、お互いの認識をすり合わせる**ことが必要です。

その上で、他の議員の質問にも注意を払いましょう。例えば、同じような質問を複数の議員が事前通告することがあります。この場合、まったく同じ質問で答弁もまったく同じとなってしまう事態はよくありません。

そのため、**同じような質問が複数の議員からきた場合には、質問する議員の順番などもふまえて対応する**ことが必要です。例えば、「この質問は、○○会派の△△議員も行います。△△議員の方が先に質問するので、まったく同じ内容になってしまいます。そのため、少し視点を変えて、□□という点からの質問がいいと思うのですが」などと提案をし、調整することが必要です。

> **POINT** とにかく早めに行動し、答弁内容を議員と共有する。

9 議員との答弁調整は「どこまで言えるか」がポイント

❶ 議員は「答弁を引き出したい」

　多くの議員は、「私は、本会議で○○の質問をして、行政側から△△という答弁を引き出した」という実績をつくりたいと考えています。

　この△△に当たる部分が、市として新規事業を行うという意思表明であったり、行政の新たな方針を示したりする内容であれば、議員は自分の成果として有権者にアピールできます。

　行政側から見れば、「たまたまその議員に聞かれたので答えた」というケースもあります。反対に、「本会議で初めて○○事業を行うことを表明する」など、本会議などを政策PRの場として活用することもあるのが実態です。

　このため、**議員は「この質問に対して、どこまで踏み込んだ答弁がなされるのか」**について注目します。

　当然ながら、いつも新しいことを行政側が答弁するということはなく、過去に聞かれたことの繰り返しだったり、議員提案の内容の実施がいかに困難かという「断る理由」の羅列だったりすることが多いのも事実です。しかし、議員との答弁調整では、一般的には「どこまで言えるか」がポイントになります。

　なお、野党議員については、基本的に質問に対して踏み込んだ答弁をすることはないため、この点を考える必要はありません。

❷ 首長答弁は、議員との答弁調整の内容と異なることも

　ちなみに、事前に議員と答弁調整を行ったとしても、実際の答弁内容がそのとおりにならないこともあります。これは、部長など自分より上

位の役職者の判断による場合です。そうした際には、再び議員に接触し、答弁内容の変更について説明する必要があります。変更を説明せず、「実際の答弁内容が事前に聞いていたものと、まったく違うではないか！」と議員からクレームがきたら、それこそ問題です。

ちなみに、首長答弁の場合、政治信条や政治的姿勢を明確にするため、事前調整の答弁とはまったく異なることもあります。

管理職による議員との答弁調整は、あくまで「行政の担当者」という立場での行為です。仮に、首長が答弁を行う質問の場合は、首長の考えで議員と調整した答弁よりも踏み込んだ答弁を行うこともあります。

❸ 答弁内容を約束してはいけない

議員との答弁調整を行う上で、注意すべきなのは、答弁内容の約束をしてはいけないということです。

課長本人は積極的な答弁にしようとするつもりでも、部長や首長との調整の中で、「この件について、ここまで積極的な答弁は行きすぎだ」とか「〇〇議員に、そこまでリップサービスする必要はない」など、修正させられる場合があるからです。

あくまで「答弁はこのような方向性になるかと思います」のように、変更もあり得ることを理解してもらうことが必要です。

安易に答弁内容を約束してしまうと、「話が違うではないか」と後々もめる原因になるので注意が必要です。そのため、取材しても、答弁内容の約束をするのは厳禁です。

> **POINT** 答弁に「絶対」はない。事前調整では答弁の方向性を示しても、答弁内容を約束してはいけない。

10 想定問答集は箇条書きでまとめる

❶ 想定問答集の作成は必須

　委員会では、質問の事前通告制度がない場合が多いかと思います。そのため、委員会当日までどんな質問が出てくるかわからなかったり、仮に議員に取材しても、質問が決まっていなかったり、質問を教えてくれなかったりすることがあります。

　こうなると、どうしても広く全体的に質問対策をしておく必要があり、想定問答集を作成することになります。委員会当日には想定問答集を持ち込み、該当箇所を探して答弁します。さらに、作成することで勉強にもなるため、想定問答集の作成は必須です。

❷ 箇条書きで作成する

　想定問答集の作成のコツは、できるだけ箇条書きでまとめることです。上記で述べたとおり、想定問答集は、委員会当日に質問された事項を調べ、答弁するために使います。**できるだけ早く見つけて、答えられるようにすること**が求められます。

　このため、箇条書きで整理することが必要です。例えば、「本市の保育待機児童対策は？」との質問に対して、A4判の用紙に長文でびっしり文字が書いてあっても、それを読み込んで答弁するのは困難です。これを、「1　認可保育所の整備」「2　認可外保育所の整備」「3　保育コンシェルジュの配置」などの番号で整理し、それぞれの下に箇条書きで内容をまとめておくと、一目でポイントがわかります。もちろん、表やグラフ、図の活用も有効です。

　また、分量にもよりますが、できれば1頁1項目のように整理してお

くと見やすくなります。オススメは、想定問答集の目次を最初に記載しておくこと。該当箇所をすぐに見つけることができます。

❸ 必ず部下に作らせる

　想定問答集は必ず部下に作らせましょう。答弁する課長自身が作成してはいけません。これには、2つの意味があります。

　1つ目は、**複数の人間が想定問答集を作成することによって、間違いを防ぐことができ、想定問答集の精度が高まる**ということです。資料は作成者とは別に、チェックする者が必ず必要です。作成者本人は、なかなか自分の間違いを見つけられません。また、他者から見るとわかりにくい資料になっていることもあります。

　また、想定問答集を使うのは管理職自身ですから、自分が使いやすいように部下に指示しておくことが必要です。

　2つ目は、**想定問答集を作成するというしくみを組織に根付かせること**です。人事異動があっても、誰が担当になっても、「○○課は、1月に予算委員会の想定問答集を作成する」というしくみができていることが重要です。

　こうなると、属人的な能力の問題ではなく、組織として予算委員会などに備えようという体制ができあがります。「議会のことは、課長が対応すればよい」という職場風土になってしまうと、いつまで経っても職員の能力向上に結びつきません。管理職としては、組織全体の能力を高めるとともに、職員個人の能力を高めることが必要です。

> **POINT** 事前通告制がない場合も質問の予想は必須。想定問題集は部下に作成させ、何重にもチェックしよう。

11 議員別の対応表を作成しておく

❶ 議員別の対応表とは

　前項の想定問答集とあわせて、議員別の対応表も作成しておくと役立ちます。

　対応表とは、議員別・会議（本会議・委員会）別・時期別に、質問を一覧表にしたものです。**質問については、質問すべてを書くのでなく、項目だけ箇条書きにしておきます。**定例会が終わるごとに、エクセルなどで作成しておくと、データがストックされ、「誰が、いつ、どこで、何を質問したのか」が一目でわかります。

❷ 議員の質問傾向がわかる

　対応表を作成しておくと、議員の質問傾向の把握に役立ちます。例えば、「A議員は防災事業に関する質問が多い」「B議員は学校教育についてよく質問する」など、議員の質問傾向が把握できます。

　もちろん、議員は必ずしも自らの意思だけで質問しているわけではなく、会派からの指示や住民からの要望に基づいて質問することもあります。このため、「この議員は、○○分野に興味があるのかな？」と思っても、実際には議員本人の関心事項ではないこともあります。しかし、実際に質問するということは、やはり議員の質問傾向と考えて差し支えありません。

　また、議員個人の質問の変化・トレンドもつかめるようになります。例えば、最初は基本的な事柄が多かった新人議員の質問が、回を重ねるごとに内容が深化していくことを読み取れる場合もあるでしょう。また、「**最近、A議員は学校の防災対策について関心があり、機会があれば質**

問をしている」のような傾向を見つけることもできます。

こうした議員個人の傾向を見つけられれば、質問への対策がしやすくなります。

❸ 前もって質問の準備ができる

対応表があると、「そろそろ予算委員会がある。予算委員会では、〇〇について聞かれることが多いので、前もって準備しておこう」などと逆算することもできます。

これは、議員個人よりも会議自体に注目するものです。

例えば、第3回定例会の常任委員会で、定例的に報告する案件があれば、当然質問も定例的に受けているはずです。そのため、単に報告内容をまとめるだけでなく、それに対する質問の準備もできるわけです。

会派によっては、委員会のメンバーが替わっても、毎回、会派として同じ質問をすることがあります。例えば、文教委員会で学校選択制度に反対している会派があったとします。その会派の議員は、毎年、学校選択制度の結果を報告する委員会で、自らの主張と制度の問題点を繰り返し述べる、といった例です。

こうした場合、同じ会派であれば、同趣旨の質問を繰り返すので、誰が委員かは関係ありません。ただ、質問は同じようなものになるので、対策はしやすいというメリットがあります。

質問によっては、どうしても事前通告がこないと対応できないものがあります。こうした質問には、やはり時間を取られてしまうのが実情です。そこで、前もって質問が予想できるものについては、時間の空いているときに準備しておき、余裕を持って対応をすると安心です。

> **POINT** 議員の質問には傾向がある。おさえておけば、質問対策がスムーズに。

12 他課の案件にも配慮する

❶「質問が飛んでくる」

　事前通告制度のない委員会では、自分の案件については、議員への取材や質問の予測で、ある程度対応できます。しかし、委員会では、他の案件の審議中に、「質問が飛んでくる」ことがあります。

　例えば、総務委員会には総務課長、防災課長、契約課長など、多くの管理職が出席します。仮に、議題として、契約課が業務委託契約の案件を出したとしましょう。

　この審議の中で、委託業者との契約内容について「災害時には、委託業者が管理している施設については、どのような対応をするのか」のような質問が出る可能性があります。そうすると、契約課長ではなく、防災課長が答弁しなくてはいけません。

　管理職の間では、「流れ弾」とも言われますが、議会答弁の事前準備として、**他の部署の案件もひととおり確認しておき、こうした関連質問が出てこないか確認しておくことが大切です。**

　あくまで本来は自分の部署の案件ではないので、細かい点まで追及されることはほとんどありません。しかし、まったく答えられずに、委員会室で立ちすくむ事態は避けたいものです。常任委員会や特別委員会の議案や請願陳情等の議題、報告案件、委員会の開催通知などは目を通しておきましょう。

❷ 事前通告がある場合でも注意する

　事前通告がある場合は、基本的に担当の管理職が議員に取材に行きます。このため、どのような質問があるかは事前に把握できており、事前

に準備ができているはずです。

　先の例でいえば、契約課長が事前に取材を行い、防災課長に関連質問が出そうなことがわかれば、防災課長に、「A議員が『災害時には、委託業者が管理している施設については、どのような対応をするのか』という質問をしそうなので、そのときには対応してください」と連絡が可能です。

　しかし、必ずしも事前の取材で関連質問まで把握できるとはかぎりません。議員がわざと教えなかったり、委員会審議の流れの中で、急に質問を思いついたりする場合もあるため、仮に事前通告があったとしても、引き続き注意が必要です。

　また、**情報を得たら、他の管理職に周知しましょう**。例えば、発言通告書に「国庫補助金について」という質問があったとします。この場合、国庫補助金をもらっている部署は多くありますが、実際の質問が生活保護に関するものだけであれば、その部署の課長が対応をすればよいわけです。そこで、他の課長に「この国庫補助金の質問は生活保護に関するものだ」ということを伝えておくのです。

　そうしないと、国庫補助金に関連する部署の管理職は、「もしかしたら、自分のところにも質問がくるかも」と心配になってしまいます。他の管理職に関連質問の心配をさせないためにも、周知してあげたほうが親切です。

　行政の仕事はチームプレーが基本。管理職同士の横の連携を活かすことが、議会対応においても大切です。

POINT 議員からの「流れ弾」に要注意。議会中は気を抜かず、他の管理職を助けよう。「情けは人のためならず」。

第3章　議会答弁の事前準備

第4章

議会答弁のコツと心得

　この章ではいよいよ、実際の答弁で使える具体的なノウハウを解説していきます。一般常識として当然のマナーもありますが、案外できていない管理職も多いものです。自分はできているかどうか１つずつチェックしながら、読み進めてみてください。

1 質問のポイントを整理する

❶ 発言の中から質問を特定する

　本会議でも委員会でも、質問は多くの場合、ある程度の時間をかけて行われます。本会議では、質問までの前置きが長いこともしばしば。議員の発言の中には、質問の前置きだったり、単に自慢話だったり、質問に直接関係のない内容も多く含まれます。**突き詰めれば、質問は1文で集約できるほどの分量にすぎません。**この1文に集約できる質問の要点を、確実に把握しましょう。

　議員によっては、いろいろな話題に言及するため、どれが本当の質問なのか迷ってしまうことも少なくありません。しかし、質問とそれ以外を区別することが大事です。発言の中から、質問を特定しなければなりません。

　管理職によっては、議員の発言を一言一句聞き逃すまいとして、質問以外の内容に集中してしまい、結果として、質問のポイントがつかめない人がいます。しかし、これでは本末転倒です。

❷ 必ずメモする習慣を

　発言の長い議員であれ、短い議員であれ、議員が質問している間は、必ずメモする習慣をつけましょう。発言のポイントだけを、書き留めていきます。

　発言の長い議員の場合、最後まで聞かないと、質問かそうでないかが判明しないことも結構あります。このため、**キーワードなどをメモしながら、質問と確定したら二重線を引いたり、大きく丸で囲んだりして、「これが質問だ！」とわかるように目立たせます。**質問ではなかったときは、

そのままにしておきます。

　一問一答などの短い問答の場合でも、メモをしておいたほうがよいでしょう。短い質問でも、答弁をしている間に質問を忘れてしまったり、質問を勘違いしてしまったりすることがあるからです。そのため、議員の質問中にはいつもペンを持っているべきです。

　事前の取材ですでに議員の質問が特定できており、答弁案を作成済みの場合でも、**実際の質問と答弁案がきちんと対応しているか、質問を聞きながら確認します。**「答弁はすでにできているから大丈夫！」と思っていても、実際の発言が取材内容と異なったり、議員が質問内容を変更したりすることがあるからです。

　きちんと議員の発言を聞いていないと、「質問に答えていない」とか「質問していないことに答えている」といったおかしなことが起こる可能性があるので、注意が必要です。

❸ 議員の目を見てメモを取る

　少し細かいのですが、ペンを持って議員の質問を聞いている間も、時折、議員の目を見るなどして、「質問を聞いています」という姿勢を示しましょう。

　かつて、ある課長がずっと下を向いてメモばかり取っていたら、議員から「ちゃんと話を聞いているのか！」と叱責されたことがあります。

　こうした姿は、傍聴している住民から見ても奇異に映ります。アイコンタクトもせずにやりとりをしていたら、議論をしているようには見えません。

> **POINT** 質問の要点をメモにまとめよう。その際、議員の目を見て「ちゃんと聞いてる」というアピールをするのが肝。

2 答弁は「総論」「各論」「締め」で構成する

❶ 答弁はパターン化すると、考えなくて済む

　管理職に昇任したばかりの頃は、各議員からのさまざまな質問に対して、どのように答弁したらよいか迷ってしまう方も多いでしょう。

　そこで、答弁をパターン化してしまうことをオススメします。どのような質問がきても、決まったパターンに当てはめてしまえば、いちいち答弁の構成を考えずに済みます。「自分はこのような構成で答弁する」と決めてしまうのです。

　具体的には、「総論」「各論」「締め」の3つの区分で答えます。「総論」で質問全体をまとめ、「各論」で個別の質問について答え、「締め」で答弁を締めくくりましょう。この3部構成で答弁すると、答弁が引き締まります。

❷ 質問全体を受けた「総論」から、各質問に答える「各論」へ

　まず「総論」ですが、これは質問全体を受けた言葉です。

　「防災備蓄について、3点の質問をいただきました」とか、「保育待機児童に関して、2点のお尋ねでございます」のように、相手の質問の内容と数を最初に述べます。

　答弁の冒頭から、いきなり個別の質問に答える管理職もいますが、質問者以外の議員や傍聴者にもわかるように、**最初に「総論」として質問内容と数を言っておいたほうが親切ですし、答弁が明確になります。**

　また、最初にこの発言をすることで、自分を落ち着かせるという効果も期待できます。

　次に、「各論」です。ここでは個別の質問に答えます。例えば、「1点目、

『住民の防災用品の備蓄状況はどの程度か』という点であります。今年の住民世論調査によりますと、食糧品は70.6％となっております」「次に２点目の『学校における備蓄状況』ですが……」のように、それぞれの質問と答えを簡潔に述べます。

質問と答弁は対応関係にありますから、「○○の現状はどうかとのご質問ですが、現状としては△△となっております」のように、箇条書きで整理するようなイメージで答えると、聞いている議員などにもわかりやすい答弁になります。

ただし、**あまりに答弁が簡潔すぎて、紋切り型のように聞こえてしまったり、議員に物足りない印象を与えたりすることもある**ので注意が必要です。あまりに簡潔すぎて、ぶっきらぼうに聞こえてしまうのであれば、少し内容を付け加えて膨らませましょう。どの程度追加するかは、経験を重ねていくうちに、勘所がつかめてくるはずです。

❸ 最後に「締め」を

「締め」は、答弁を総括し、発言が終了することを示す言葉です。まず、総括は「以上、防災備蓄について３点お答えしましたが、防災備蓄の啓発については、今後も市としてあらゆる機会を通じて行っていきたいと考えております」のように、**質問全体に対するまとめの言葉を述べます。**

そして、その後に「以上でございます」とか「私からは以上です」のように、発言が終了したことを述べます。単に質問に答えるだけで、発言を終了してしまっては、何となくおさまりが悪く、聞いている議員や傍聴者にとっても、落ち着かない印象があるので、最後に発言が終了したことを述べましょう。

> **POINT** ３部構成の答弁パターンを身につけて、質問内容に応じて当てはめよう。

3 本会議答弁は上司と綿密に事前調整する

❶ 本会議答弁完成の流れ

　一般的に本会議答弁は、①答弁作成者と実際の答弁者が異なる、②答弁が完成するまで複数の上位の職員（部長、副市長、市長など）がチェックする、③その時点での行政の公式見解を示す、などの特徴があります。そのため、本会議答弁を作成するまでは、十分な調整が行われることが一般的です。

　ある市では、次のような流れになっています。

　まず、議員から発言通告書が提出されると、質問内容によって担当部署が割り振られます。割り振られた担当部署では、質問を担当する課長を決め、その課長がその質問の責任者になります。

　課長は、発言通告書を提出した議員に取材し、質問内容を把握します。そして、答弁の原案を作成し、部長のチェックを受けます。部長のチェック終了後は、副市長のチェックを受けます。そして、最終的には市長のチェックを受け、答弁が完成します。以上で答弁が完成しますが、実際の答弁者は部長以上の職員となっています。

❷ 直属の上司と答弁を調整する

　質問を担当する課長は、答弁の原案を作成しますが、不明な点があれば他の課長に聞くなど、組織間の横の調整を行うこともあります。その上で、答弁の原案を作成していきます。

　答弁の原案においては、部長との調整が重要になります。単に質問に答えればよいというわけではなく、**質問する議員の立場や役職なども考慮する**ことが必要です。与党か野党か、ベテラン議員か新人議員か、な

どで答弁のニュアンスは異なってきます。

　なお、本会議答弁では、本会議答弁ならではの表現や言い回しがあります。まだ、慣れないうちはわからないかもしれませんが、経験を重ねるうちに答弁の表現がわかってくるものです。

　また、**答弁者によっても、微妙に答弁すべき内容が異なります**。部長の答弁であれば、あくまで行政の実務担当者としての答弁でいいのですが、首長の答弁であれば、もう少し広い視点から答弁することになります。例えば、首長の政治的信条などを含めたり、首長自身の思いを答弁に盛り込んだりすることもあります。

　こうした答弁の微妙なニュアンスについては、直属の部長と事前に十分に調整します。もちろん、首長答弁なので課長や部長も「首長になったつもりで、答弁を作成する」のですが、あまりに政治的な答弁にしてしまうのは問題です。

❸ 上位の人間の視点を学ぶ

　何段階も答弁のチェックを受けるのは、事務的には非常に面倒ですが、学ぶこともあります。

　つまり、部長の視点、副市長の視点、市長の視点のように、上位の役職の視点は課長の視点とは違うことがわかるからです。課長は、どうしても自分の課の視点で考えがちですが、部長以上になれば、さらに広い視点から物事をとらえます。

　そのため、単に事務的な視点でなく、他の事業との関係や国や都道府県との関係など、多角的な視点で答弁を考えます。答弁作成は、こうした上位の役職者の視点を学ぶよい機会ともいえます。

POINT　答弁の独特な表現や、答弁者によるニュアンスの変化に注意。上司に確認を仰ぎ、その視点を学ぼう。

4 簡潔明瞭が基本中の基本

❶ 議員は早く結論を知りたい

　答弁は簡潔明瞭であること。

　これは、基本中の基本です。「議員が質問しているのに、答弁の前置きが長くてなかなか結論を言わない」「質問に直接答えていない」「結局質問への答えがわからない」のでは、議員の怒りを買うだけです。

　議員は、基本的にせっかちです。いつまでも質問に対する答えが不明確だと、「答えを早く言え！」とか「結局、結論は何なんだ？」などと言われてしまいます。内容に問題はないのに、答弁の仕方で、議員をいらつかせてしまうのは得策ではありません。

　議員の質問に簡潔明瞭に答えて、円滑な議事進行をすることは執行機関側の務めでもあります。

❷ 「結局、結論は何？」と考える

　極論すれば、質問も答弁も1文に要約できる長さの文章のはずです。議員が知りたいのは、その1文なのです。簡単にいえば、「○○というご質問をいただきましたが、○○については△△と考えております」のような、極めてシンプルなものです。

　しかし、管理職の中には、どうしても答弁が長くなってしまう人がいます。例えば、真面目に議員の質問の前置き1つひとつに反応・反論してしまい、議員が本当に聞きたい質問については、なかなか答弁が出てこない人。答弁している間に自分に酔ってしまい、とにかくダラダラ話す人、などタイプはいろいろです。

　管理職の答弁は、人によってさまざまな癖があり、どんなに議員や他

の管理職から注意されても、定年まで直さず、ダラダラ答弁を貫いた人もいました。今思えば、議員にあえて嫌われることで質問がこないようにしていたのかもしれません。しかし、こうした答弁はやはり避けるべきです。

　答弁が長くなりがちな人は、「結局、結論は何？」と考える癖をつけるとよいでしょう。必要なのは、結論を1文にまとめる要約力です。

　また、**答弁は、基本的に結論から述べる**ようにします。「○○というご質問をいただきましたが、○○については△△と考えております」とまず結論を話し、その後、その結論の理由・経緯・前提条件などを伝えましょう。そうすると、議員にわかりやすくなります。

❸ 数字を用いるとわかりやすくなる

　簡潔明瞭な答弁にするためには、数字を使うことも有効です。

　例えば、「本市におけるマイナンバーカードの交付率に関するご質問ですが、本年4月1日現在で8.4％となっており、他市よりも若干低い率となっております。この理由ですが、主に3点あると考えております。第一には、……」のように、**理由を述べる際に「3点あります」のように数字で整理**するのです。

　このように発言すると、わかりやすくなります。また、この3点それぞれを簡潔明瞭に答弁していくことで、「交付率8.4％　他市よりも低い理由　①○○○○　②△△△　③□□□」のように答弁が構造化され、全体像も明確になります。

POINT　答弁はわかりやすいことが第一。答弁が長い人は、その原因を考え、結論先出しや数字を使って工夫する。

5 大きな声ではっきりと、相手の目を見て答える

❶ 議員に伝わらないと答弁にならない

　答弁は、質問した議員に伝わらないと意味がありません。大きな声ではっきりと伝えましょう。

　課長に昇任したばかりの管理職の中には、議員の質問に慣れていないために、早口でまくしたてるように答弁する人がいます。

　実は、かつての私がまさにこのタイプでした。しかし、**早口で答弁すると「相手の質問に答える」というよりは、「とにかく早く答弁を終えたい！」という気持ちが伝わり、議員に好印象を残すことはできません。**

　また、データなどの細かい質問に対しては、数値を暗記しているわけではないので、本来は多少調べて答えるものです。にもかかわらず、質問が終わると同時に、すぐさま早口で答弁したある管理職を見て、違和感を覚えたことがあります。周りからすれば、「前もって質問と答弁を調整しているな」と考えてしまいます。傍聴している住民から見ても、奇異に映るのは必至です。

　答弁に自信がなく、小さな声でボソボソと話す管理職もいます。

　一般的には、委員会でもマイクを使用することが多いと思いますが、仮にマイクがない場合には、特に注意が必要です。幹事長会のような小さな会議では、マイクを使わずに狭い会議室で実施することもあります。こんなときに、声が小さいと距離の離れている議員には伝わりません。高齢の議員がいる場合には、特に注意が必要です。

❷ 議員の目を見て答える

　相手の目を見て答える。これは議会の場でも重要です。

　私がまだ一般職員として、議会事務局にいたときのこと。改選後すぐの幹事長会で、当時の議会事務局長（部長級）が、ある特定の会派だけに納得・了解をしてもらう必要がある案件について、説明する機会がありました。その際、局長はずっと手元の資料を見ながら、下を向いて話していたのですが、最後に、「……ということで、○○会派にはご理解いただきたいのです」と発言しました。その会派の幹事長は、局長の発言の途中から「これは自分の会派の不利益になることだ」と気付いたのか、ずっと局長を見つめていました。そして、その幹事長は局長の発言が終わるとすぐさま、「局長！　今の発言はうちの会派に了解してほしい、ということでしょ。そうであるならば、きちんとこちらの目を見て、お願いするのが筋ではないのかね」と淡々と言ったのです。局長は「すみません」と、慌てて謝っていました。

　「大の大人が、『目を見て話をしなさい』と怒られている！」と思ったことをよく覚えています。

　しかし、自分が管理職になり、さまざまな場面で答弁するようになると、案外、目を見て答えることを忘れてしまうのです。その原因は、「焦り」です。「早く答弁しなきゃ」と、手元のメモや資料を注視しすぎて、議員のことをまったく見ていないことがしばしばあります。

　議員の中にも同様に、資料ばかり見て、一向に顔を上げない人がいます。だからといって、執行機関側が議員の目を見ずに答弁してよいわけではないことを、肝に銘じておきましょう。

> **POINT** 意外にできない答弁のマナー。議員に答弁が伝わらなければ意味がない。

6 論理的に説明する

❶ まず結論、次に理由

　わかりやすい答弁は、構成が論理的です。
　そこで、論理的な説明のコツをいくつかご紹介したいと思います。
　1つ目は、「まず結論、次に理由」です。
　これは、最も基本的な答弁のパターンです。これまで述べてきたように、**議員が最も知りたいのは自分の質問に対する簡潔な答え**、つまり「結論」です。
　例えば、自分の提案した内容が、「できるのかできないのか」「今後検討するのか」「それとも検討さえも困難なのか」の答えを議員はまず気にします。ですから、最初に結論を伝えましょう。
　答えがわかれば、次に知りたいのは「理由」です。特に否定的な答えであれば、「なぜできないのか」「なぜ検討できないのか」を知りたがっています。そこで、「理由」を簡潔に述べるのです。
　ちなみに、肯定的な答えであれば、「ではいつ実施するのか」「今後のスケジュールはどうなるのか」といった、今後の展開が知りたいはずなので、それについて説明します。
　このパターンが、最も典型的な答弁の基本です。

❷ 事例＋一般的ルール＝結論

　2つ目は、「事例＋一般的ルール＝結論」です。
　これは、演繹法もしくは三段論法と呼ばれるものです。「シーザーは人間だ（事例）。人間は必ず死ぬ（一般的ルール）。だから、シーザーは必ず死ぬ（結論）」というような論法です。これを答弁に当てはめると、

「現在、市民文化センターの利用率が、全体で40％台と低迷しております。しかし、市民文化センターは市民の方に利用していただくための施設です。このため、市としましては利用率の向上のための方法を考えてまいります」のようになります。

「市民文化センターの利用率が40％台」という事例に、「市民文化センターは市民の方に利用していただくための施設」という一般的ルールを組み合わせ、結論として「利用率の向上のための方法を考えてまいります」となるわけです。内容としては、当たり前のことを言っているだけですが、このような構成にすると論理的な説明になります。

❸ 複数の事例からルールを導く

3つ目は、「複数の事例からルールを導く」です。

これは、「A福祉センターの利用率は低い。B福祉センターの利用率は低い。C福祉センターの利用率は低い」という事例から、「本市の福祉センターの利用率は低い」という結論を導くものです。複数の事例をふまえて、そこから一般的なルールを導くものです。

このパターンは、反対の使い方もあります。それは、1つの主張やルールを述べ、その理由として複数の事例を挙げるものです。例えば、「福祉センターの利用率を上げなければなりません」、なぜならば「A福祉センターも、B福祉センターも、C福祉センターも利用率が低いからです」という論理になります。

なお、「事例＋一般的ルール＝結論」も「複数の事例からルールを導く」も、どんなことを当てはめても成立するものではありません。**導かれた結論もルールも、一般常識に照らし合わせて、間違っていないかどうか検証する**ことが必要です。

> **POINT** 論理的な答弁には3パターンある。個別の質問に合わせて、答弁を組み立てよう。

第4章　議会答弁のコツと心得

7 感情的にならず淡々と答える

❶ 感情的に答弁しても何もいいことはない

　議員「例年、実施している市民祭りだが、今年は昨年よりも参加者が
　　　　減少している。市の準備不足ではないのか」
　課長「そんなことはありません！（怒）」

　こんなふうに、市の姿勢を批判するような質問に対して、ムキになって答弁する管理職が時折います。

　特に、その年の人事で異動したばかりの課長であれば、自分の落ち度を指摘されたように感じて、感情的になってしまうかもしれません。

　しかし、結論からいえば、議員の質問に感情的になっても、何１ついいことはありません。

　冷静さを欠いてしまうと、相手の質問に理路整然と答えられず、非論理的な答弁に陥ってしまう場合がほとんどです。一度感情的になってしまうと、冷静さを取り戻すのは容易ではありません。だからこそ、平常心を意識することが大切です。

　議員の中には、わざと煽るような言い方をしてくる人もいます。相手を刺激することで、本音を引き出そうとしたり、失言をねらったりしているのです。しかし、こうした議員の戦略に乗っかってしまっては、相手の思うツボ。こんなときは、**かえって相手が「嫌な奴だ！」と思うくらいの冷静さを持って対応するくらいがちょうどいい**のです。決して、議員と張り合おうとは思わないでください。

　煽ろうとしているのではなく、単に住民から指摘があったことを質問している場合もあるでしょう。にもかかわらず、「あの議員は、自分を馬鹿にしている」などと決めつけて、感情的になってしまうのは損です。

「なんであの議員は、あのような言い方をするのだろう？　まあ、住民の手前、あのような態度を取らなければならないときもあるんだろうな」くらいの達観した気持ちでいましょう。

❷ 野党議員は、基本的に執行機関側を責めるもの

　この「感情的に答弁してはいけない」というのは、自分の失敗談から得た教訓です。

　管理職1年目のこと。委員会で、野党議員からネチネチと役所の不作為を追及されたことがありました。

　当時、まだ答弁に慣れておらず、野党議員の質問に対しては否定的に答弁しなければいけないという強い思い込みがありました。その議員は、執拗な質問をすることで有名だったのですが、その術中にはまってしまったのです。加えて、その案件は市民の関心も高く、傍聴者も大勢いました。その議員を支援する傍聴者は、委員会中にもかかわらず市に対してヤジを飛ばし、こちらを刺激してきたのです。

　最初は冷静に答弁していたつもりが、いつの間にか感情的になっていました。「とにかく、相手の主張を否定しなければいけない」という思い込みから、だんだんエスカレートしてしまったのです。論理的な答弁からは程遠くなり、最後には議員からその点も追及される始末でした。

　結果的には、最後に部長がうまくフォローをしてくれて、無事に委員会は終わりました。しかし、委員会が終わっても、まだ興奮していたのを覚えています。当時は、「自分は間違っていない！」と思っていたのですが、今思えば、完全に失敗した答弁だったと思います。

　答弁は感情的にならず淡々と答える。やはりこれが基本です。

> **POINT**　答弁者が感情的になったその時点で、よい答弁にはならないことを心得よう。

8 議員の立場を考慮して答弁する

　答弁は、質問した議員によって内容が異なることがあります。誰が質問しても答弁の内容は変わらないケースもありますが、立場によって「答弁を変える」場合があることを知っておいてください。

❶ 与党会派と野党会派

　まず、与党会派か野党会派かの違いです。

　首長と同じ立場を取る与党会派の議員であれば、基本的に答弁も前向き・積極的な内容になります。反対に首長とは異なる立場を取る野党会派の議員であれば、否定的な答弁になります。

　問題は、与党会派なのに否定的な答弁をしなければならない場合、または野党会派なのに肯定的な答弁になってしまう場合です。

　前者であれば、十分な根回しが必要です。事前の議員取材の際に、答弁内容を説明し、ある程度議員に理解してもらう必要があります。また、実際の答弁がどのような発言（「ご指摘については、現在のところ困難です」「今後の研究課題にさせていただきます」など）になるのかも、さりげなく伝えておいたほうが無難です。

　後者の場合は、部長などの上司と相談することが必要です。実際の答弁の場で、「前向きに検討してまいります」のような積極的な答弁になると、与党会派から「なぜ、野党にそのような答弁をするのか！」とクレームが出ることもあるので、注意が必要です。もちろん与野党とも意見が一致しているのであれば、与党が野党会派の質問に同調することもあります。

　前者後者のいずれも、何の事前調整も相談もなく、委員会当日になって発言してしまったら、取り返しのつかないことになりかねません。

かつて、私は前者のケースで失敗したことがあります。ある委員会で与党議員の質問に対し、「それはできません」と答弁して問題となってしまったのです。そのときは、事前に議員を取材して「そのようなご提案をいただいても、現在、実施することは困難です」と説明していたのですが、「それでも質問する！」と言うので、このような答弁になってしまったのです。

　今から思えば、私もその議員も少し意地を張っていたのだと思います。その後、その議員とギクシャクしてしまい、関係を修復するまでに時間がかかってしまったのは、いうまでもありません。

❷ 議員の役職や期数

　また、議員の役職や期数にも注意が必要です。

　例えば、与党第一会派の質問であっても、その質問を会派の幹事長が行うか、新人議員が行うかによって、答弁のニュアンスが微妙に異なることがあります。ある本会議で、同じ会派の複数の議員が似たような質問をしたとします。この場合、その会派を代表して行う代表質問を会派の幹事長が行い、次に中堅議員が一般質問を行うとします。そうなると、**幹事長への答弁が最も重要になり、中堅議員への答弁は、それよりも若干トーンダウンした**ものとなりがちです。

　市として初めて新規事業を行うことを答弁の中で発表するような場合も、やはり新人議員の質問への答弁の中で発表することは基本的には考えにくいものです。ベテラン議員の代表質問への答弁の中に盛り込むのが、一般的です。

> **POINT** 議会答弁といえど、人間同士のやりとり。相手の立場を尊重した答弁を作って、答弁を円滑に進めるべき。

9 行政は一体であることを忘れない

❶「私の担当ではないのでわかりません」は NG

　答弁する管理職は、何とか質問に答えようと議員に取材したり、事前に勉強したりと努力します。しかし、往々にして、自分の職場のことしか考えず、他部署との連携を忘れたり、役所全体で考えるという視点が抜けたりします。

　例えば、常任委員会である福祉委員会で、保育待機児童の解消が議題だったときのことです。

　ある議員が「公立保育園に在籍する園児のため、夏休みに公立幼稚園のプールを使用できるようにしたらどうか」と質問をしました。実は、公立幼稚園の担当は教育委員会で、幼稚園所管の課長は福祉委員会には出席していませんでした。そこで、当時の保育課長が渋々答弁に立ち、「公立幼稚園の担当は教育委員会で、私の担当ではないのでわかりません」と答弁しました。

　たとえ直接の担当ではないにしても、あくまで執行機関側の一員として、「担当である教育委員会とも相談していきます」などと答弁するべきです。議員にとっては、どこの部署が担当であるかは関係なく、あくまで保育園児のための質問だったのですから、「担当外なのでわかりません」という答弁は、適切とはいえません。

　実は、こうした答弁をしてしまう管理職は結構います。よくある答弁が、「予算要求したのですが、財政課に予算を削られました」「人員要求したのですが、人事課が認めてくれませんでした」「それは私の担当ではないのでわかりません」などです。

　そのように答弁したい気持ちはよくわかりますが、やはり行政の一体

性という視点から考えれば、疑問のある答弁です。

❷ 縦割主義でなく、役所全体として考える視点を持つ

　管理職に限らず、役所は一般に縦割主義です。窓口などでも、「ここではわかりませんので、他で聞いてください」「それは私の担当ではないので知りません」と職員が答えている場面を目にします。

　しかし、こうした縦割主義は役所が批判される典型例であり、管理職が答弁で自らそうした意識を示してしまうのは問題です。

　では、担当外の質問に答えなければならない場合は、どのように対応すればよいでしょうか。これには正解はありませんが、原則的には**踏み込んだ答弁は行わず、一般論の答弁に終始する**ことです。

　例えば、「公立幼稚園のプールについては、各幼稚園の運営との問題もありますので、今後教育委員会とも話し合っていきたいと思います」とか、「ご提案については、教育委員会と共に今後検討していきたいと考えております」などのように、玉虫色の内容にしてしまいます。

　議員も、踏み込んだ答弁ができないことはわかっており、深く追及することは基本的にないはずです。このため、何とか答えられる範囲で答弁をして、その場をおさめることが管理職としては求められます。

　最悪のケースは、誰も答弁に立たないことです。執行機関側の管理職がお互いに顔を見合わせて、結局誰も答弁しようとしない。こうなると、委員長などから「誰が答弁するんだ！」とせっつかれてしまいます。最終的には、部長などが答弁することもあるかと思いますが、上位の役職の手を煩わせることなく、対応したいものです。

> **POINT** 答弁者はあなたでも、議員や住民にとっては「組織」であることを肝に銘じて答弁しよう。

10 自分への質問ではなくても気を抜かない

❶ 関連質問への対応

　前もって準備をしたからといって、それで安心と考えていると、思わぬ痛い目に遭うことがあります。前章で説明した「流れ弾」、つまり、自分の案件以外の審議中に、急に関連質問をされることです。

　委員会で事前に準備した答弁がすべて終わってしまうと、「もう自分の出番はない」と思って、すっかり気が抜けた状態になってしまうことがあります。

　気持ちはわかります。しかし、**委員会でのやりとりを聞いていないと、他の案件の審議中に出てきた関連質問に対応できなくなるので注意が必要**です。

　実際に、予算委員会において、完全に気が抜けた状態の管理職に対して、ある議員が「○○に関連して、△△課長に質問します」と、突然指名して答弁を求めたことがありました。当然、指名された課長への事前通告などありません。確かに意地悪といえば意地悪なのですが、その管理職に問題がなかったとはいえません。

　もちろん、委員会で寝ている管理職などはいませんが、やはり「もう答弁することはないだろう」と思えば、気が抜けてしまうのも事実です。緊張感が途切れてしまうのも、致し方ないところもあります。

　しかし、議員が「完全に安心しきっているな」と思えば、わざとそうした関連質問をすることもあるのです。

❷ 近くの管理職が答弁しているときは、質問をメモする

　委員会中、自分の近くの管理職が答弁しているときは、その質問をメモしておくのがオススメです。これは、一種の助け合いと言えるのですが、答弁している管理職が質問を忘れてしまってもフォローできるからです。

　私が管理職になって初めての決算委員会でのことです。管理職になりたての初答弁の場合、議員から「お手並み拝見」とばかりに厳しい質問が投げかけられるのが一般的です。そのときは、本当に多くの質問をされたため、すべての内容を書き取ることができませんでした。

　このとき、たまたま前任者が自分の近くに座っており、質問をメモしてくれていたのです。おかげで、自分が書き留められなかった質問にも何とか答えることができ、議員からの「答弁していない質問があるぞ！」との批判を避けることができました。本当にありがたかったです。その前任者は、管理職経験も長かったので、こうした対応力が身についていたのだと思います。

　この経験以来、自分も近くにいる管理職が答弁しているときは、質問項目だけはメモするように習慣づけました。

　もちろん、席が離れているようなときや自分の担当外であることが明白なときは、メモしていません。予算委員会や決算委員会は長丁場ですから、一日中緊張状態でいるわけにはいきません。**上手くオンとオフを使い分けながら、長い一日を乗り切る**ことが求められるのです。

> **POINT** 議会対応は、管理職同士の協力が不可欠。油断せず、チームプレーで乗り切ろう。

▼11 失敗した答弁はすぐに忘れよう

❶ 完璧な答弁を求めない

　答弁は、完璧をめざす必要はありません。完璧を求めてしまっては、自分で自分の首を絞めるようなもの。そもそも完璧な答弁などありません。

　答弁は、議員、首長、住民から見てある程度納得のいく内容であれば十分です（野党会派の議員への答弁は別です）。

　質問した議員にとって、完全に納得できる内容の答弁でなかったとしても、それ以外の首長や住民が納得できる範囲内であれば、答弁としては許容範囲です。三者がすべて満足する答弁など、そうそうあるものではありません。

　反対に、問題のある答弁は存在します。議員や首長が怒り出したり、住民から反対運動が起こったりするような答弁です。仮に野党議員の質問であっても、議員が怒り出すほどの答弁はやはり問題です。野党議員は、質問に対して十分な答弁でなかったとしても、それで怒り出すことはないはずです（パフォーマンスではあるかもしれませんが）。

　「この答弁は問題だ！」となると、委員会が途中で休憩となり、自治体によっては委員会の理事会が開かれます。委員会の理事会は必ず設置されるというものではありませんが、委員会の運営について、各会派の幹事長などが協議を行う会議体です。行政側の答弁だけでなく、議員の質問や不規則発言が問題となった場合にも開かれ、今後の委員会運営について話し合いが行われます。

　しかし、ある管理職の答弁が問題となって、議会で答弁内容について審議されるようなことは一般的にはありません。もし本当に問題があれ

ば、上司である部長などから直接指摘されるはずです。

「答弁の内容が不十分だった」「説明が下手でわかりにくい答弁だった」程度のことは日常茶飯事なので、心配する必要はまったくありません。答弁は、失敗したとしても忘れてしまうに限ります。答弁に失敗したと悔やんでも、言ってしまったことは取り消せませんし、思い悩んでも何も生まれません。

ただし、正式な発言の修正などは、別途議会の手続きがあるので、それに従いましょう。

❷ 数多く経験して、答弁に慣れるしかない

うまく答弁するためにはどうしたらよいか。この問いへの答えは、「結局、答弁は数多く経験して、慣れるしかない」ということに尽きます。

私もたくさんの失敗を重ね、少しずつ経験値を増やしながら、うまく質問を乗り切る方法を覚えてきました。

答弁上達のためには、多くの管理職の答弁を聞くことが参考になると思います。経験豊富なベテラン課長や部長は、うまく質問をかわしたり、お決まりのフレーズを活用したりと、いろいろな技を持っています。管理職もいろいろな個性の人がいるので、「この人の答弁の方法は、自分に合うな」と思ったら、真似てみるとよいでしょう。

また、議員に苦手意識のある方は、日頃から議員と話す機会を持つことをお勧めします。話す機会が増えれば、それだけ苦手意識も消えていき、委員会本番でも緊張しなくなります。

> **POINT** 完璧な答弁はない。ネガティブ思考にとらわれず、よい答弁への階段を1歩ずつ上っていこう。

第5章

議会答弁
OKフレーズ・NGフレーズ

ここでは、議会答弁でぜひ使いたいフレーズ、反対に使ってはいけないフレーズをご紹介します。口癖にすれば便利なフレーズもあれば、何気なく使ってしまうとピンチを招いてしまうフレーズも。答弁における「言葉遣い」をマスターしましょう。

「〇点のご質問をいただきました」

❶ 質問内容を整理する定番フレーズ

OKフレーズ、1つ目は「〇点のご質問をいただきました」です。

これは、答弁の冒頭で述べるフレーズです。答弁は、「総論」「各論」「締め」の3つに区分されると述べましたが（72頁参照）、その「総論」に当たる部分です。ここで、質問の全体像を整理します。

「〇〇委員のご質問のうち、港湾問題については**4点のご質問をいただきました**ので、私から答弁させていただきます」のように使う場合もあります。これは、一括質問一括回答方式の場合で執行機関側の複数人が答弁する場合に、「自分が答える部分はこの部分です」と示す意味もあります。こうした発言により、質問している議員はもちろん、他の議員や首長、傍聴者も質問と答弁が整理でき、聞きやすくなります。

基本的な構造は、質問の「概要」に加えて「点数」を述べます。例えば、「小学校におけるいじめ防止について、**3点のご質問をいただきました**」のようになります。

❷ 実際の使用例

実際の使用例として、次のようなものがあります（予算委員会における教育費の審議で、一括質問一括回答方式の例）。

> **A委員** 今回の予算委員会におきまして、この教育費で質問をする機会を得ましたので、大綱3点について質問します。まず、大綱の1点目は、公立小中学校におけるいじめ防止対策についてです。まず、客観的なデータについてお伺いします。現在の本市においていじめとして把握された件数は、過去3年間でどのようになっているのでしょうか。当然のことながら、年により増減があると思いますが、その推移を教育委員会としてどのように受け止めているのかも、あわせて伺います。（中略）
> 質問の大綱2点目は、学校におけるICTの現状についてです。現在どこの学校でも、タブレットの配置が進んでおりますが……（後略）
> **指導課長** 教育費について、**3点のご質問をいただきました**。それでは、私から大綱の1点目、いじめ防止対策に関する2点の質問について、お答えします。まず、いじめの件数でありますが、過去3年間の件数を申し上げますと……（後略）
> **学務課長** 次に、私から学校ICTに関する質問についてお答えします。現在、……（後略）

❸ 類似フレーズなど

「総論」の部分でよく用いられるフレーズとして、「学校の防災対策について、ご質問をいただきましてありがとうございます」とか「貴重なご提言をいただきありがとうございます」のように、質問した議員に対し謝意を述べる場合があります。

一般的に考えれば、議会はそもそも議論する場ですし、議員が質問するのは当然のことです。わざわざ礼を言うのはおかしいような気がしますが、慣行として実際に用いられているケースもあるようです。

> **POINT** 質問内容を整理して、まずは論点を共有しよう。

▼2 OK 「ご指摘」「ご指摘のとおり」「ご指摘の点をふまえ」

❶ 議員の発言を受けて答えるときの言い回し

　指摘とは、一般的に、注意すべきことなどを具体的に取り上げて示すこととされています。議会答弁では、議員の意見や発言内容を受けて、答える場合によく用います。

　例えば、「ただ今、○○議員から『福祉施設の安全対策は不十分ではないか』との**ご指摘**がございましたが、現在の本市における福祉施設の安全対策につきましては……」のように用います。

　野党議員に対して「『福祉施設の安全対策は不十分ではないか』との**ご指摘**がございましたが、私どもとしては十分な対策を講じているものと考えております」のように、否定する場合にも使います。

　また、「**ご指摘のとおり**」もよく用います。議員の指摘に同調する趣旨で、「議員のご指摘はもっともです」「議員のご指摘に間違いはありません」という意味合いが含まれるので、基本的には与党議員に用います。

　さらに、「**ご指摘の点をふまえ**」はもう一歩踏み込みます。これは、議員の指摘について、行政として何かしら反映させることを意味します。基本的には与党議員に対して用いられ、野党議員に対しては、「ご指摘の点をふまえて、対応してまいります」といった答弁は、あまり使われません。

❷ 実際の使用例

　では、実際の使用例です（常任委員会において、一問一答方式の例）。

> **A委員** 公共施設等総合管理計画について伺います。本計画は、国からの要請もあり、平成28年度中の策定として、現在、市では作業を進めていると聞いております。本計画は、少子高齢化が進行する本市の住民への影響が非常に大きいと考えます。そこで、まず本計画策定について、本市はどのように認識しているか伺います。
>
> **企画課長** 公共施設等総合管理計画策定に関する、本市の認識についてお答えします。本市は、高度経済成長期に多くの公共施設を整備しましたが、そうした施設は今後改築の時期を迎えます。しかし、一方で少子高齢化が進行し、人口減少が確実な中で、本市財政状況にはたいへん厳しいものがあります。このため、現有施設については統合整理の必要があり、**ご指摘のとおり**、住民生活には大きな影響があるものと考えております。今回の計画は、今後の方向性を示すたいへん重要な計画であると認識しております。
>
> **A委員** ただ今、たいへん重要な計画であるとの答弁がありました。私も同様の意見であります。そこで、本計画策定にあたっては、住民説明会を開催し、住民の意見を十分聞くことが重要かと思います。市として住民説明会を開催する意思があるのか、伺います。
>
> **企画課長** 公共施設等総合管理計画については、住民生活に直結するものであり、住民の意見を聞くことが重要であります。住民説明会の開催については、**ご提案をふまえ**検討してまいりたいと考えております。

❸ 類似フレーズ

「ご指摘」に類似するフレーズとしては、以下のものがあります。
- 「ご教示」……知識・方法などを具体的に教え示すこと
- 「ご意見」……ある問題に対する考えや主張
- 「ご高説」……相手の優れた意見を敬って言う言葉

> **POINT** 肯定の際も否定の際も、議員の意見を取り上げるときに使える。

3 OK 「しかし一方では」

❶ 一方的な主張に対して、バランスを保つための反論用語

　よく議員が自説を展開して、「自分の主張は論理的に間違いない。だから、行政はこの主張を取り入れるべきだ」のような趣旨で質問をしてくることがあります。しかし、行政側からすると、「確かに議員の主張や論理展開に間違いはないけれど、かといって全部正解かというと、ちょっと違うよな……」と思ってしまうことがあります。

　こうしたときによく用いられるのが、「しかし一方では」です。

　例えば、議員が自説を展開した後、答弁に立った課長が「確かに議員のご指摘の点については、そうした事実があります。**しかし一方では**……」と、議員が示した内容とは異なる事実などを示し、「議員の言うことがすべて正しいわけではない」、もしくは「議員が示したこと以外の事実がある」ことを示し、バランスを保とうとするのです。これによって、議員の主張をすべて受け入れるのでなく、議論の流れを行政側に引き戻そうとします。

　答弁の冒頭でいきなり「議員からは○○との指摘ですが、しかし一方では……」と議員の意見を否定するのではなく、まずは議員の主張を十分に肯定した上で、「しかし一方では……」と切り出すのがコツです。

❷ 実際の使用例

　では、実際の使用例です（常任委員会において、一問一答方式の例）。

> **A委員**　現在、保育待機児童数は毎年増えており、一向に減少する傾向は見えません。本市も、決して何もしないわけではなく、認可保育園の

整備には力を入れており、毎年新規保育園を開設しています。それにもかかわらず、待機児童数が減少しないということは、もっと整備数を増やし、さらに保育園整備を加速する必要があると思います。よって、子育て家庭のためにも、従前の整備計画数の倍増が必要だと思いますが、市の考えを聞きます。

土木部長 保育園の整備計画についてお答えします。委員のご指摘のとおり、本市では子育て家庭支援のため、待機児童解消をめざして取り組んでおります。現在は整備計画に基づき、毎年2園の整備を行っており、本年度も取り組んでおります。このように保育園整備を行い、保育園の定員数は確実に増加させているものの、残念ながら待機児童数は減少せず、かえって増加しているという状況になっております。そこで、整備計画数を倍にしたらどうかとのお尋ねであります。確かに、待機児童解消のためには施設数を増やすことは必要であります。

しかし一方では、市全体の財政を考えてみた場合、さらに保育園整備に予算を充当することについては検討が必要であると考えております。それは、いわゆる在宅で保育を行っている家庭からは『保育園に通う子供だけが優遇されているのではないか』といった指摘があることや、また高齢者などからは『今後の超高齢化をふまえ、福祉サービスを充実してほしい』との切実な声もあることから、保育園の整備にこれ以上の予算を投じることについては、さらなる検討が必要だと、私どもとしては考えております。このため、保育園の整備計画見直しについては、こうした点もふまえて考慮していく必要があると考えております。

❸ 類似フレーズ

- 「ご指摘の点以外にも、○○というご意見も聞いております」
- 「確かにご指摘の点もあるかと思いますが、それ以外にも○○という点についても考慮する必要があると考えております」

> **POINT** 相手の面子を保ちつつ、行政側の意見をしっかり伝える。

「と思います」
「と聞いています」

❶ 執行機関側の責任を弱めるワード

　議員から「○○について、市の認識はどうか」と真正面から問われることがあります。執行機関側として、自信を持って「○○については、△△と認識しております」と答えられればよいのですが、すべての質問に対して自信を持って答えられるわけではありません。

　その際に、**どのように主張を弱めて答えるかがポイント**になります。

　せっかちな議員から「これは○○なのか、違うのか？」のような二者択一の質問をされると、焦って「○○です」とか「○○ではありません」のように、一方を選択して答えてしまいがちですが、それは危険です。

　こうしたときは、「○○と思われます」「○○であるようです」「○○であると聞いております」のように少し語尾を変えるだけで、後日「○○と答弁したではないか」という批判をかわすことができます。

❷ 実際の使用例

　例えば、「ある市民が市道の段差につまずいて、怪我をした。ただ、今回のケースでは市の責任がないことが立証され、つまずいた市民の不注意が原因だったと聞いた。しかし、市としてもう少し段差について表示を明確にすべきだったのではないか」という質問があったします。

　この場合、法的な責任は市にはないにしろ、もう少し工夫の余地があったのではないかと質問しているわけです。

　この質問の答えはいくつか考えられますが、簡潔に表現すると以下のようなフレーズが想定されます。

> - 「少し表示がわかりにくかったです」（断定）
>   ➡ 市としての明確な責任を示す
> - 「少し表示がわかりにくいようです」（推定）
>   ➡ やや第三者的にとらえる
> - 「少し表示がわかりにくいところがあると聞いております」（伝聞）
>   ➡ あくまで他人の意見を伝えるだけで、答弁者の判断は含まない

　以上のように、同じ質問であっても、答え方を変えることによってニュアンスは変わってきます。

❸ 状況によって使い分ける

　こうした断定・推定・伝聞といった区別は、質問の内容によって使い分けます。

　よくあるケースとして、当初は「○○と思います」のように答弁していたにもかかわらず、「思います、とは何だ！　はっきり答弁しろ」と議員から迫られて、結局「○○です」と断定してしまうことがあります。こうした状況を見ていると、「あーあ、言わされちゃった」という場合と、「それなら、最初から言えばいいのに」という場合の両方があります。

　個人的には、**こうした微妙な使い分けができるようになれば、一人前の答弁ができるようになった証**と考えています。

> **POINT**　責任の所在をぼやけさせることは、後々のために必要な防衛線。

5 ⚠ OK 「検討します」「研究します」

❶ 最頻出フレーズ！

　この2つは、議会答弁の中でも最頻出フレーズといえるでしょう。

　まず、「**検討します**」は、指摘事項について、行政として後日どのように対応するかを決定し、いずれ何らかの結論が出されるといった意味合いが含まれます。定例会の度に同じ質問をされて、毎回「検討します」という答弁では、「結論はいつだ！」と言われてしまいます。

　議員によっては、「（前定例会の件について）その後、どうなったのか？」と執拗に聞いてくることもあります。このとき、「まだ検討の途中です」と言うこともありますが、いずれは結論が求められます。

　これに対して、「**研究します**」は結論が出ることが前提になっていません。あくまで、その課題を研究するのであって、結論を出すのはかなり先という印象になります。このため、「以前に研究するとの答弁があったが、その後どうなった？」とは、基本的には聞かれません。

❷ 実際の使用例

　では、実際の使用例です（常任委員会において一問一答方式の例）。

> **A委員**　現在、妊娠出産を支援する事業として、宿泊サービスと日帰りサービスを市内の病院に委託して実施しています。宿泊サービスの対象者は、産後1か月未満となっていますが、住民からは使いにくいとの声があります。産後1か月以内は実家などに帰っていることが多く、本当に宿泊サービスを利用したいのは、その後であることが多いそうです。こうした住民の声をふまえ、対象を変更するべきと思いますが、市のお考えをお聞かせください。

> (保健課長) 妊娠出産事業についてお答えします。今年度から実施している宿泊サービスですが、対象者については、委員のご指摘のとおり、使いづらいとの意見を私どももいただいております。このため、対象者の見直しについては、今後**検討していきます**。
> (A委員) 対象者についてはわかりました。次に、現行の宿泊サービスは2泊3日以内ですが、サービス拡充のため、期間をさらに延長してほしいとの声も聞きます。市の見解はいかがでしょうか。
> (保健課長) 宿泊サービスの期間延長について、お答えします。延長については、確かにそうした要望もあるのは事実です。しかし実際の利用者数、また多額の財政負担なども考慮する必要がありますので、この点につきましては今後**研究してまいります**。

❸ 類似フレーズ

「検討します」「研究します」に類似するフレーズには、以下のものがあります。

- 善処する……うまく処理すること（役所などで、あまりやる気のないときに「－したい」と使うときがある）。
- 努力する……ある目的を達成するために、力をそそぐこと。
- 対処する……ある事態に対応して適切に処理すること。
- 処理する……物事を取り扱かって、始末をつけること。
- 対応する……①1つのものが、それと関係のある別なものと、対になった状態にあること。②周囲の状況などを見ながら、それにふさわしく動くこと。
- 考慮する……物事を、いろいろな要素を含めてよく考えること。

> **POINT** 「検討」は後日結論を出すことが必要、「研究」は不要。的確に使い分けよう。

「いずれにいたしましても」

❶ 最後に結論をまとめるときのフレーズ

「いずれにいたしましても」は、**答弁の最後に、結論としてまとめる際に用いるフレーズ**です。使い方としては、「**いずれにいたしましても、市民に対する環境美化の啓発は、今後とも引き続き努力してまいります**」のようになります。

このフレーズは、議員の質問に対して答えるべき内容が少なく、1文で簡単に終わってしまうようなときに、**前置きをいろいろ述べて時間を稼ぐ場合にも用いられます**（もちろん、すべてが時間稼ぎとはいえませんが）。

また、議員が質問の中でいろいろなことに言及しているケースで、その1つひとつに答えた上で、最終的に結論を集約する際にも用いられます。

❷ 実際の使用例

では、実際の使用例です（常任委員会において、一問一答方式の例）。

---

①前置きをつけるパターン

A委員 環境美化に対する市民への啓発についてはどのように考えていますか。

環境課長 環境美化の啓発に関するご質問についてお答えします。ご案内のとおり、一口に啓発と言いましても対象によって取組内容は異なります。まず、小中学生については、総合学習などの時間で……。（中略）また、成人については駅に啓発ポスターを貼るなど……。（中略）**いずれにいたしましても、市民への環境美化の啓発は、今後も引き続き努力してまいります。**

②さまざまな発言の内容に対応するパターン

B委員 内部統制について伺います。今回の地方自治法の改正に伴い、内部統制が制度化されます。この制度は、内部統制とは、間違った事業執行、不適正な経理、情報漏洩、職員の不祥事を未然に防止するため、自治体が整備するしくみとなっており、すでに民間企業でも導入されております。本市でも不適正な経理については、昨年事案が発生しましたが、抜本的な対策が求められています……。（中略）このような現状、また法改正の趣旨をふまえますと、本市においても内部統制への取り組みが必須だと思いますが、市の考えを伺います。

総務課長 内部統制についてお答えします。まず、本市において、これまで不正な取扱いがあったことは確かであります。委員ご指摘の不適正な経理については……。（中略）**いずれにいたしましても**、こうした点を考慮し、内部統制への取り組みは必要不可欠であると認識しております。具体的な内容等については、法改正の内容などをふまえる必要がありますが、今後十分に検討してまいります。

❸ 類似フレーズ

- 「全体をまとめますと」
- 「最後に結論をまとめますと」
- 「結論といたしましては」

POINT 結論や、前置きのまとめに使えるフレーズ。

7 「○○先生」

 ここからは、NGフレーズとして、基本的に答弁の中で用いてはいけない用語を紹介します。ただし、自治体によっては慣行で使用している例もあるので、注意してください。

❶ 公式の場で「○○先生」とは言わない

 まず、「○○先生」です。
 本会議や委員会などの公式の答弁の場で、議員を「○○先生」と呼んでしまう管理職がいます。しかし、**行政と議会という立場を考えれば、本会議では「○○議員」、委員会では「○○委員」と呼ぶべきでしょう。**
 議場外で日常的に、職員が議員を「○○先生」と呼ぶ自治体は少なくありません。もちろん、自治体によっては議員を「○○先生」と呼ぶことを禁止、もしくは呼ばないことを申し合わせている場合もあります。こうした自治体では、本会議や委員会の場で「○○先生」と呼ぶことはありませんが、そうでない自治体では、管理職が答弁中、うっかり呼んでしまうことがあります。
 もちろん、控室などでは使うことがありますが、**公式の場で用いると、傍聴している住民などから見ても違和感があります。**

❷ 議員の呼び方

 議員の呼び方については、自治体によって異なるかもしれません。私の所属している自治体では呼び方のルールはありませんが、私は議員の呼び方を以下のように整理していました。
 まず、一般的に控室などで話す際には、「○○先生」を用いていました。これはすべての議員共通です。

少々話がずれますが、かつて、新人議員で「自分のことを○○先生とは呼ばずに、○○さんと呼んでほしい」という人もいました。最初のうちは、議員の要望どおり「○○さん」と呼ばれていたものの、時間が経つと、やはりこの議員も先生と呼ばれるようになりました。おそらく、「うちの自治体では先生と呼ぶことが慣習になっているので、それにその議員も従った」というのが実情だと思います。その議員からすれば、「いくら言っても直らないし、他の議員も先生と呼ばれているから、もういいや」というのが本音だったと思います。

　話を戻しますが、議員を役職で呼ぶことがあります。これは議長、副議長、委員長などの議会の役職と、幹事長、政調会長などの会派の役職の2つに分かれます。議長・副議長にかぎっては、その議員がそのポストにいる間は、議長・副議長と呼びます。これは相手を敬う意味も当然あります。

　その他、委員長、幹事長、政調会長などは、議員のポストに着目している場合に使います。「会派の幹事長として、○○についてお伝えします」とか「△△委員長なので、□□についてご報告します」といった意味が含まれます。

　ただし、話す相手の議員がその認識を持っていないことも想定されます。このため、「○○幹事長！」と呼んだ上で、席に着いたら「△△についてご報告なのですが、これは各会派の幹事長にご連絡させていただいております」のように、「幹事長だから話している」ことを念押しします。

　このように、**公式な場で「○○先生」とは呼ばないのは当然ですが、その他にもいろいろな使い分けをしているのが実態**です。

> **POINT** 慣行として「先生」を使う場面はあれど、基本的には「議員」「委員」や役職を名前の後に付けること。

8 NG 「私はいませんでした」「私の担当ではありません」

❶ つい言ってしまうNGフレーズ

「私はその当時おりませんので、知りません」

委員会で、議員から不意に過去（自分が課長でないとき）のことを質問されて、つい、こんなふうに答える場面がたまにあります。

もちろん質問の内容にもよりますが、**責任者である課長が、このような答弁をしてしまうのは無責任**です。

嫌がらせでこのような質問をしてくる議員も確かにいます。「そんな昔のこと、今更聞かれてもわからない」「その質問をすることに、どんな意味があるの？」と思ってしまうかもしれません。

ただ、嫌がらせ目的であるのは稀で、基本的には、議員の質問には何らかの意味があり、何かしらの答弁が求められます。

例えば、「20年前、市立○○公園が開園したときには、住民からはどのような要望があったのか」などと聞かれても、事前に調べておかなければ普通は答えることができないため、議員取材は必須です。

しかし、住民からその公園の再整備が要望されているものの、要望が2つに分かれてまとまらず、「もともとこの公園はどのように整備されたのか」がポイントになっている状況であれば、当然、質問としては成立するわけです。

もちろん20年前以上のことなど、普通は忘れているため、「知りません」と言ってもいいのですが、行政課題になっているのであれば、当然この公園の設置経緯について、担当課長として把握しておく必要があります。そのため、答える必要が出てくるわけです。

しかし、それでも事前の準備不足で資料がなかったとします。このよ

うに、答える内容が見つからない場合には、「住民からは特に大きな要望はなかったと聞いております」のように、**あくまで「聞いております」と伝聞の形にして答える**などして、その場をしのぎます。

　もしくは、「20年前のことでありますので、正確にはわかりませんが、現在の資料を見るかぎりでは、特段の要望があったという記録はありませんでした」のような形で答えることが望ましいと思います。

❷ 担当課長がいなくても、何とかフォローする

　同様のNGフレーズに「私の担当ではありませんので、わかりません」があります。

　例えば、議員が答弁を求める相手を間違ってしまうことがあります。担当する課長が不在の委員会であるにもかかわらず、間違って質問してしまうのです。こうした場合は、「ご質問の件については、〇〇課が事務を行っておりますが、現在、△△という状況にあると認識しております」のように、議員の質問をフォローすることが求められます。

　しかし、時折、「私の担当ではありませんので……」と答えてしまう場合があるのです。

　先にも述べましたが、行政は一体であることを忘れてはいけません。また、議員も「担当者がいないから、質問してはいけない」ということはありません。そのため、こうした議員の質問に対しても、何らかの答弁が求められます。

> **POINT** 答弁はあくまで組織として答えることを忘れない。

▼9 NG 「財政課に予算を切られました」「上から指示されました」

❶ 気持ちはわかるが、言ってはいけない

　こんな場面を想像してください。

　ある事業を行う課が、新規事業を行いたいと考えていました。職員の発案によるもので、かつ住民要望もあったのです。また、議員からも予算化の要望があり、本会議や委員会などでも質問され、担当課長は「検討します」と答弁して、その場をおさめていました。

　こうした背景から、課長も事業化に積極的で、財政課に来年度の予算要求をします。そして、財政課長ヒアリングでも、その事業の意義を一所懸命に語りました。また、その上の部長も首長に対して、首長ヒアリングの場で事業効果をきちんと説明してくれました。しかし、紆余曲折があり、結果的に予算が付きませんでした。

　その後の新年度を控えた予算委員会でのこと。先の議員から「事業化を検討すると言ったのに、予算がついていないではないか！」と強気の質問があり、担当課長は思わず**「財政課に予算を切られました」**と答弁してしまった……。

　担当課長の立場になれば、そのように答弁したい気持ちは痛いほどわかります。「一所懸命に努力してきたのに、財政課長はダメだと言って、予算はつかなかった。首長も財政課長の判断に『わかった』の一言だけ……」とやるせない気持ちになるでしょう。だからこそ、つい「財政課に予算を切られました」と答弁してしまうのです。

　しかし、やはりこれはＮＧフレーズです。予算案は、行政が一体となって議会に提案するものです。もちろん、実際には財政課が主体となってとりまとめ、納得していない事業課が多くあることも事実です。です

が、あくまで議会に提案する予算案なのですから、行政としては一枚岩となって説明しなければならないのです。

では、前出の予算委員会の場では、どのように答弁したらよいのでしょうか。例えば、「○○については、さまざまな点から事業化を検討してまいりましたが、市の総合的な判断として、今回は予算化を見送ることとなりました」のように、**財政課に予算を削減されたことを言外に匂わす**のです。

その事業のメリット、デメリットなど、各論について議論をすると、とても勝ち目はありません。なぜなら、担当課長も事業化したいと思っているのですから。そうした**各論ではなく、あくまで市の予算全体から見て、予算化できないということを説明する**のです。

こんなとき、財政課長も「厳しい答弁をさせて悪いな」と心の中で思っているはずです。そうすると、意外に翌年度はあっさり事業化されたりします（事実です）。反対に、「財政課に予算を切られました」などと答弁すると、思わぬ報復が待っています（事実です！）。

❷ 子どもじゃないんだから……

また、同様のNGフレーズとして、「上から指示されました」という主体性のない答弁もあります。上司から不正を強要されて、それを暴露するために答弁するのでもない限り、そのような答弁をすることはありません。

責任ある管理職なのですから、自分の課については責任を負う必要があります。子どものように「上から言われたから」と答弁していては、「上から言われたら、何でもするのか」という厳しい突っ込みが待っています。

> **POINT** 悔しさはグッとおさえて、行政が一枚岩であることを忘れずに。対内的にも、今後につなげる答弁をしよう。

10 NG 「人員を増やして対応していきます」

❶ つい口車に乗ってしまって……

　時折、議員が質問を通じて、「○○課はよく頑張っている。市の上層部は、もっと○○課を評価してあげてほしい」と、特定の事業課を応援することがあります。

　純粋な応援の気持ちを込めている場合もありますが、一方で、実は担当課長と議員が当該事業の拡大を図ろうと共謀している場合もあります。

　前者の場合は、意外に注意が必要です。ほめられた担当課長がいい気になってしまい、あらぬ答弁をしてしまうことがあるのです。例えば、「青少年対策課のひきこもり対策事業は、住民からも喜ばれ、非常に効果を上げています。現在、週2回の相談事業を実施していますが、予約がとりにくいとの声が住民からも出ています。もっと職員を増員して、事業を拡充すべきではありませんか」という議員からの質問があったとしましょう。

　これに対し、担当である青少年対策課長が「ご指摘ありがとうございます。現行は職員2名体制で実施しておりますが、現場としては確かに相談員が不足しているのが実態です。**来年度は、もっと職員を増員して対応していきます**」などと、答弁してしまうケースです。

　この場合、自分の課に他に相談員ができる職員がいて、課長の裁量で職員体制を変更するのであれば問題ありません。しかし、**課の職員数を増やすのであれば、人事課などとの協議が必要**です。各部署の職員定数の決定は、各課ではなく、人事課の定数担当などだからです。このことを考慮せず、「職員を増員します」などと答弁してしまっては、人事課

長などから「どの立場で、そんな発言をしているんだ」と思われてしまうはずです。青少年対策課長としては、単に「今後も頑張っていきます」程度の答弁だったとしても、結果として職域を超えた答弁となっています。職域を侵されたほうは面白いはずがありません。

❷ 越権的な答弁には注意する

　似たようなNGフレーズとして、「予算増額をめざして頑張ります」といった発言も、財政課に対決姿勢を宣言しているようなもので、やはり問題です。「事業の拡充について検討していきます」程度の答弁が望ましいでしょう。

　こうした越権的な答弁は、節制したい企画・財政部門と、事業を拡充したい事業部門との間でよく問題になります。例えば、市全体の公共施設の維持管理のような質問については、企画・財政部門で答えるのが一般的で、行財政運営全体の視点から答弁するため、総論的かつ経費削減や施設の統廃合といった厳しい内容になりがちです。そうなると、事業部門は「なんで、そんなことまで言われるのか。そんなことを言うのであれば、すべて企画・財政部門で決めればいいではないか」などと反発します。

　私がまだ企画部門の一般職員だった頃、上司である企画課長が事業担当の部長に怒鳴られているのを目にしたことがあります。その部長は、委員会での企画課長の発言が気に入らなかったのです。

　どちらが答弁するかは、ケースバイケースですが、やはり事前に十分な調整をしておくことが必要です。

> **POINT**　越権的な答弁は、内部でモメること必至。

「個人的には○○と思います」

❶ 個人の意見や感想などをメインに答えてはいけない

　議会答弁は、あくまで○○課長などの「ポスト」として答えるものです。仮に、「山田一郎」という職員が河川課長だとしたら、議員は「河川課長」というポストに対して質問したのであって、山田一郎氏個人に対して質問したわけではありません。

　ですから、この山田氏が「個人的には○○と思います」のように、個人的な意見や感想を答弁するのは、よくありません。

　ひどい場合には、「ご質問に関する私の見解ですが……」のように前置きし、長々と自説を答弁し続ける管理職もいます。そうした答弁では、役所としての責任のない、まったく意味のない答弁になってしまいます。

　ある程度役所としての見解を示した上で、おまけとして個人的見解を述べるのであればまだよいでしょう。例えば、先の例でいえば、河川課長というポストに基づいて答弁をした上で、おまけ程度に「……と考えます。ただ、個人的には○○という面もあるのではと思います」のように付け加えることはあるかもしれません。この程度であれば許容範囲かもしれませんが、**あくまで「河川課長」として答弁する**ことが必要です。

❷ 笑いをとろうして……

　また、このフレーズを使って、笑いをとろうとする管理職もいます。

　長時間にわたる委員会審議などで、型どおりの質問と答弁ばかり展開されていると、議員も執行機関側も途中で若干の息抜きがほしくなります（経験者の方であれば、十分納得していただけると思うのですが）。

　そんなとき、議員が質問にユーモアを交えたり、ちょっとした冗談を

言ったりします。それに対応して、執行機関側の職員が「個人的には○○と思います」と、答弁の最後に少し付け加えて、笑いをとろうとするのです。

答弁した本人も少し気持ちが緩んだところで、ついぽろっと言ってしまうようなケースです。それで許される内容や人柄であればよいのですが、すべてが許されるとは限りません。場の空気を読み間違えると、反感を買う可能性もあるので注意が必要です。「個人的にとは何だ！」と議員から突っ込まれることもあります。

反対に、せっかく議員が冗談を言ったのに、それに対し杓子定規に答えて、「なんだ、面白くない奴」と言われてしまうこともあります。

以上のことから、原則として「個人的な見解」は答弁では使わないほうが無難かと思いますが、TPOをふまえれば効果的になる場面もある、というところでしょうか。

❸ 類似フレーズ

「個人的には○○と思います」の類似フレーズには、以下のものがあります。
- 「あくまで個人的見解ですが」
- 「私が思うところでは」
- 「私なりに解釈いたしますと」

> **POINT** 個人の意見を中心にした答弁は×。使うならあくまで息抜き程度に。

「手元に資料がないので答えられません」

❶ 議会における資料要求

議会における資料の取扱いは、各自治体によって異なります。

例えば、委員会の議題や報告案件の資料として、委員会前に議員に配付されることがあります。議員は委員会前にこれらの資料を読み込み、当日に臨みます。委員会ではこうした資料をもとに議論が行われます。

また、議員が行政側に任意の資料を要求できることをルール化している自治体もあります。例えば、委員会開催前に、議員が内容を指定して資料要求を行うのです。そうすると、行政側は期日までに資料をまとめて議員に渡すことになります。

もちろん、要求された資料に該当するものがなく、「不存在」と回答する場合もあります。この場合も、そうした文書がないことを認めた、という一定の意味があります。もちろん、要求した資料が提出されれば、それは公式文書となり、議員にとっては貴重な資料となります。さらに、資料要求は、当然、「委員会で何らかの質問をするぞ」という無言の意思表示にもつながるので、行政側に緊張感を与える効果もあります。

もちろん、議員から直接「過去５年間における、住民１人当たりの納税額の推移の資料がほしいんだけど」と言われることもあります。このような場合は正式な資料要求ではありませんが、実際には、このように議員から頼まれることも非常に多くあります。

❷ 資料が手元にない場合

このように、委員会前に資料が共有されていれば問題ありません。しかし、答弁との関係でいえば、最も問題になるのは議員の質問に対して、

執行機関側の職員が「**ただ今のご質問については、資料がないのでお答えできません**」と答弁してしまうことです。

　これも自治体によって異なるかもしれませんが、私の自治体では、この答弁は基本的に許されません。もちろん、この議員の質問があまりにマニアックなもの、もしくは嫌がらせのような質問ではないことが前提です。「この議題や報告案件であれば、おかしくない」質問であるにもかかわらず、担当課長の準備不足で資料がなく、答弁できないような場合です。これは、明らかに担当課長の準備不足のため、委員会終了後に、場合によっては首長から直接叱責されることもあります。

　ただ、実際には、たまたまその資料を持ち合わせていない場合もあります。そうしたときは、**質問の直接の答えになっていなくても、何とか質問に関係するような事項をつなぎ合わせて答弁を作るのが実情**です。

　例えば、「今年の市民まつりの入場者数は？」と聞かれて、数を把握していなかったような場合には、「今年の入場者数は、正確な数は現在持ち合わせておりませんが、昨年の3,000人を若干上回った程度となっております」のような詭弁を使うわけです。

　こうした詭弁を用いる場合は、できるだけ答弁を引き延ばして、あまりあっさりとした答弁にならないようにします。あまりに簡潔すぎると、聞いているほうも物足りなく感じてしまうからです。

　答弁を引き延ばしたほうが、「ああ、資料を持っていないんだな」と議員も理解してくれ、その後、案外無事で済むことが多いです。ただ、野党会派の議員には、絶好のつけ込む隙を与えたことになるので、注意が必要です。

> **POINT** 資料の準備が足りなかった場合は、持っている知識をつなぎ合わせて、伝聞型の答弁で乗り切ろう。

第6章

よくある質問・困ったときの答弁のコツ

議員からよく出てくる質問や、答弁中に困るパターンを10に分類し、対処方法をまとめました。これらをおさえておくことで、当日の答弁への不安は減るはずです。ぜひ身につけて、答弁で実践してみましょう。

1 行政へ提案する質問

　これまでも少し触れてきましたが、議員の質問はいくつかのタイプに分類することができます。これらのタイプには、それぞれ特徴と、答弁について注意すべきポイントがあります。以下で説明するこうしたタイプの分類やそれに対応する答弁のポイントはあくまで一般論と考え、実際に答弁するときにはそれぞれアレンジしてください。

❶ 行政へ提案する質問とその対応

　まずは、行政に対して「本市でも、○○を導入してみたらどうか？」と提案する質問です。こうした質問には、導入の是非やその理由、スケジュール等を明示して答弁しましょう。

　議員が最も気にしているのは、当然ながら「その提案が受け入れられるのか」という点です。そして、もし提案が受入可能ならば、「今後、どのようなスケジュールになるのか」「いつ実現するのか」がポイントになります。反対に、提案の実現が困難であれば、その理由を知りたいわけです。

　質問をしているのは議員ですが、発案そのものは別な人・機関であることもあります。提案は、「単なる議員の思いつき」程度のものから、「他自治体で効果を上げている取組み」「大学教授などの研究者の意見」「シンクタンクなどの研究機関の提言」「民間企業の提案」など、さまざまです。議員は単に「このことについて、議会で質問してください」と頼まれているだけということも多々あります。しかし、議員の立場からすれば、関係者にきちんと説明できるだけの内容の答弁が必要です。

　もちろんケースによっては、現在庁内で検討中であり、議員の質問があった時点では明確に答えられないこともあります。そうしたときには、

「現在、まさに検討している最中で、〇月頃には一定の方向性を出す予定でおります」と時期を明確にするとよいでしょう。

　提案の是非が明確でなく、その理由も不明確だと、答弁としては最悪です。議員の提案に、まったく回答していないことになってしまいます。

❷ 上位の役職の判断に注意する

　なお、こうした質問で注意しなければいけないのは、自分の上位の役職の判断です。先に述べたように、研究機関や民間企業からの提案がもとになっているような場合、**担当の自分が知らないだけで、意外に部長、副市長、市長が内容を聞いており、しかもある程度の方向性を決めていること**があるからです。

　例えば、与党議員の場合、すでに市長と話を進めており、確認の意味でそうした質問をしていることもあります。このため、議員の質問に対して「そんなこと無理に決まっている」と思っても、実際には、そうでないこともあります。**自分だけで判断せず、アンテナを広げておくことも重要です。**

　ところで、行政の職員は「断る理由を見つける名人」と言われます。議員などの提案が「できない理由」を探すのが非常にうまいのです。ただし、断るときにも相手の面子をつぶさない（つまらない提案であっても丁重に断る）ことや、できない理由が不十分（「今は忙しいので、できません」「職員が少ないので無理です」など）では議員も立場がないので、提案が受入不可の場合でも明確な理由を伝えることに気を付けましょう。

> **POINT** 行政へ提案する質問には、提案受入の可否、その理由などを正確・丁寧に伝えよう。

2 事実・方針・認識を確認する質問

❶ 事実確認は、本当に聞きたいことの前置き

　事実・方針・認識を確認する質問は、頻出の質問です。
　まず、「事実」は、統計・データなどの客観的数値、事件や事故などであれば事実確認・交渉の経過などが挙げられます。
　これらは事前に予測可能ですから、しっかりと準備しておきましょう。その上で留意しておきたいのは、**多くの場合、これらは議員が本当に聞きたいことを聞くための「前置き」「確認」にすぎない**ということです。

❷ 方針は計画等に基づいて答える

　「方針」は、行政としてどのような方向性を持っているかということです。行政の方針は、基本的に、基本構想・長期計画などの総合計画や、「○○市環境基本計画」などのような各種行政計画、また「○○への対応について」などの庁内文書などに示されています。ですから、**方針を問われた際は、これらの計画等に基づいて答えるのが基本**です。
　しかし、実際には、担当がこうした計画等を十分に認識していないこともあるので注意が必要です。「○○については、どのような方針で臨むのか」という質問に対し、担当が個人的な考えを述べてしまうこともありますが、本来はこうした計画等を根拠に答えなければなりません。
　議員が、方針に関する質問をしても、それが既定事実であれば、やはり事実確認にすぎないことがあります。その次に、本当に聞きたい核心があるのです。
　例えば、「これまで、市は児童の放課後対策として全校に放課後クラブを設置するという方針で対応してきた。しかし、現在では、放課後ク

ラブの参加率は非常に低迷しているという事態が発生している。これに対して、どのように対応するのか」といった質問です。

なお、こうした既定の計画でなく、突発的に起こった事故や事件、または新たな行政課題についての対応方針を問われることもあります。こうした場合は、既定の計画等はないので、担当課長なりが自分の言葉で説明することが求められます。この場合、あまり細かな点までは言及せず、大筋の内容を述べておく程度で留めておくほうが無難です。

あまり細かい点まで言及してしまうと、後の対応の選択肢を狭めてしまうからです。

❸ 認識を問うとは

「認識」を問うとは、すでに決まったことではなく、新たに発生した事件・事故・社会的出来事・話題などについて、行政の考えやとらえ方などを確認する質問です。

例えば、「最近の市内の景況感」「福祉施設で発生した殺人事件」「国会で審議されている法案」「ふるさと納税のあり方」など、その時々に話題となっていることについて、「本市は、これらについてどのように認識しているのか」と聞くわけです。こうした質問によって、市の考えやとらえ方などが明確になります。内容によっては、首長自らの政治的姿勢を明確にすることもあります。

このような「認識」に関する質問の場合は、**自分の考えに固執せず、市全体としてどのように考えるか、首長はどのように考えているのかをふまえることが大切**です。本会議答弁では、首長と答弁のすり合わせをすることが一般的なので、あまり問題になることはありません。しかし、委員会答弁ではいきなり答弁を求められることもあるので、注意が必要です。

> **POINT** 事実・方針の確認は前置き。認識の確認は組織としての考え方が問われていると心得よう。

3 住民の声を代弁する質問

❶ 議員のスタンスに注目する

　住民の声を代弁する質問も、よくあるタイプの質問です。
　例えば、「地域住民からは、○○公園の遊具について子ども向けだけでなく、高齢者の健康器具を設置すべきだとの声が挙がっている。市は、こうした住民の声に対して、どのように考えているのか」といったものです。
　こうした質問に対する答弁は、まさに行政としての見解を述べればよいのですが、注意すべきはその質問に対する議員のスタンスです。
　議員からすれば、「自分も住民と同じ意見だ」ということもあれば、「住民から質問してくれと言われているので、質問するけれど、実は自分としてはそのようには考えていない」こともあるからです。

❷ 住民の声が議員の意見とは限らない

　議員も地域の代表なので、地盤である住民の声を無視するわけにはいきません。そのため、自分の真意とは異なっても、こうした質問をすることがあります。頼まれているから質問しただけの、義理を果たすタイプの質問です。
　質問した結果、行政側の同意を得られなかったとしても、「自分としては、できるだけ行政側を追及したのですが、残念ながら皆さんのご要望のとおりにはなりませんでした」と釈明することが可能となるわけです。
　こんなとき、後で答弁した担当課長を呼び、「先日は悪かったね。実は……」と内情をそっと教えてくれることもあります。そのため、質問している議員が、その質問に対して、本当はどのように考えているか確

認することは重要です。もちろん、前もってわからないこともありますし、教えてくれないこともあります。

❸ 住民の声と一致しているときには注意が必要

　住民の声と議員の考えが一致している場合には、より慎重な対応が求められます。

　その住民の意見を取り入れることが可能であれば、問題はないのですが、受入が困難な場合にはきちんと対応しないと、後に問題となることが少なくありません。議会に請願や陳情が出されたり、住民運動に発展したりと、問題が複雑困難化するおそれがあります。

　このようなとき、もし事前に議員が質問をすることがわかっているなら、議員に取材に行って、行政の考えや立場を十分に説明しておきましょう。委員会当日になってしまえば、公式の場ですから、お互いに引っ込みがつかなくなります。**事前に十分な意見交換を行い、場合によっては落とし所をお互いに探り合うことも必要**です。

　議員によっては、行政への対決姿勢を強くして、強硬姿勢でくることもあります。野党議員であれば、事前取材そのものを断るかもしれません。行政と議員が決裂してもかまわないケースならよいのですが、そうでない場合は事前の意見交換が特に重要です。

　また、もし事前に意見交換ができず、委員会当日にもうまく議論がかみ合わなかった場合にも、その後のフォローが必要です。

　委員会当日に議員の意見に対して、行政側が「困難です」と答弁して、平行線のままに終わることもあります。その際には、議員のところに行き、行政の考えをきちんと伝えるなどして、意見をすり合わせておくことが必要です。こうしたフォローをしておかないと、議員に不信感を持たれてしまいます。

> **POINT** 住民の意見に議員が賛同しているかはわからない。事前・事後に十分な協議やフォローが必要。

4 行政の責任を追及する質問

❶ 野党議員の質問は、「否定」と「かわす」を使い分ける

　行政の責任を追及する質問には、大きく2つあります。
　1つは、野党議員が一般的に行う質問です。もう1つは、実際に行政側に不始末があり、それを正式に謝罪するとともに、その問題を手打ちにするためのものです。
　まず、前者の野党議員の質問です。野党会派は、首長と立場を異にするので、基本的に行政を追及する質問を行います。
　こうした質問に対しては、基本的には「野党議員の提案は受け入れない」「野党議員の指摘は間違っている」のように、否定的な立場で答弁することになります。このため、答弁の内容を考えることは楽といえば楽なのですが、その説明が論理的でなかったり、曖昧な説明だったりすると、その点を突かれる可能性があるので注意が必要です。
　また、**「野党議員の質問は、ただ否定しておけばよい」と安直に考えると、足をすくわれる**可能性があります。基本的な立場はそれで間違いないのですが、やはり質問の内容を正確にとらえ、論理的に説明することが必要です。単純な「否定のための否定」になってしまい、感情的な答弁になったり、理由が不明確になったりしないように注意してください。
　また、野党議員の質問に対しては、「○○とのご指摘がありますが、私どもとしてはそのように考えておらず、認識の違いととらえております」のように答えることがあります。質問の内容を否定するのではなく、「認識が違う」として質問に取り合わないという手法をとるのです。
　このように答弁すると、それ以上議論の深めようがないため、野党議

員も追及できません。「この点について、いちいち議論するのは大変だ」と思ったときには、「認識の違い」という立場で相手の追及をかわせることもあります。一種の答弁術といえますが、相手の主張を真っ向から否定するのか、「認識が違う」とかわすのか。うまく使い分けることが必要でしょう。

❷ 正式に謝って、その問題を手打ちにする

次に、実際に行政側に不始末があり、それを正式に謝罪するとともに、その問題を手打ちにするために行われる質問です。

例えば、職員の不祥事について本会議や委員会の場で謝罪したり、施設の安全管理の不備による市民の怪我について謝る、といったケースです。謝罪によって、その問題にけじめをつけるのです。

実際に私の市であった事例では、教員の不祥事に対して、予算委員会で教育長が謝罪したことがありました。このとき、もちろん事前に議員に対して、不祥事の内容や今後の対応策等を幹事長会などの場で説明していたはずです。

しかし、あえて予算委員会の場で、この問題を取り上げ、不祥事の内容を明らかにするとともに、今後の対応策も説明し、さらに教育長が謝罪することによって、この問題にけじめをつけました。

こうした場合、具体的に議員の誰が質問するのか、行政側も誰が謝るのかが重要となり、十分な調整が行われます。ある意味では一種のパフォーマンスといえるかもしれませんが、これによって行政も議会も幕引きを図ることができるのです。

> **POINT** 野党の「あらさがし」と実際の責任の追及とで、対応策をしっかりと使い分ける。

5 自分の意見を述べる質問

❶ 答弁は気にしないと言うけれど……

　議員の中には、「行政に何か質問する」というよりは、「自分の意見や主張を述べる」ことに質問時間の大半を費やす人もいます。あまりに自分の主義主張ばかりで質問がないため、他の議員から「早く質問を！」とヤジられることもしばしばあります。

　このタイプの議員の質問は、行政側の答弁の内容には期待していないことがほとんどです。議員によっては、質問を行政側に渡す時点で、「答弁の内容は、別に問わないよ。とにかく自分の考えを話したいだけから」と言う人もいるくらいです。そして、実際に質問を聞くと「自分はこのように感じた」「私としてはこう考える」のような自分視点の話が中心になり、行政に対する質問は、最後の数行だけだったということもあります。

　本当に議員が答弁に期待していなければ、答弁の作成にあたって気が楽かもしれません。実際に、本会議の答弁書などを持って行っても、読まない議員もいたくらいです。

❷ ベテラン議員の質問には注意する

　しかし、このタイプの質問をする議員全員が、答弁を気にしていないかといえば、そんなことはありません。実は、意外に答弁内容を気にしている場合もあるのです。

　行政側が「質問のほとんどが、議員本人の意見を披露することに使われているのだから、答弁は簡単でいいや」と、あまりにあっさりした答弁をすると、議員が怒ってくることがあります。「答弁なんて気にしない」

なんて言っておきながら、実際に答弁があまりに平凡だったり、ありきたりの内容であまりにあっさりしすぎていたりすると、納得しないことがあるのです。
　これは、大半の時間を費やした自分の意見・考えに関する部分を行政側に無視されて、質問だけに簡単に答えたという印象を与えてしまうからです。答弁があまりに簡潔すぎて、肩透かしを食らったような形になっているのです。そのため、議員の意見・考えの部分で、特に答弁が求められていなくても、答弁の中で触れておいたほうが無難なケースもあります。
　そんなときは、単に議員の意見・考えが「正しい」か「正しくない」かという判断ではなく、**「そのような新しい視点があることを知らされました」**とか**「○○に関して議員の貴重なご指摘をいただきました」**のような表現で言及しておくと、議員の発言にも対応したことになります。
　こうした質問をする議員は、やや個性的な人が多く、会派に属していたとしても、独特の見解などを持っている場合が少なくありません。また、その議員がベテランの場合、同じ会派の議員でも注意できず、まして行政側がそのような質問をやめさせるようなこともできません。さらに、そのような議員はプライドも高いので、まったく無視するというわけにもいきません。そのため、どのように答弁するかは、案外気を遣うのです。
　これらのタイプの質問に限らず、議員によって、答弁の内容を変えるのは、管理職として必要な能力です。これを見誤ると、厳しい状況に置かれてしまいます。

> **POINT** いい加減な対応はNG。どんな質問に対しても、ある程度しっかりした答弁の用意が必要。

6 ヤジられてしまったとき

❶ 不測の事態にいかに対応するか

　私は、かつて議会事務局に在籍したこともあり、答弁する立場としてだけではなく、議会でさまざまな場面を経験してきました。傍聴者から怒号が飛び交ったり、議員同士が喧嘩寸前のところまでいったり……。

　答弁を数多く経験すると、思わぬ質問をされたり、不測の事態があったりと、いろいろなことが起こるものです。しかし、管理職であれば、どんなときにも慌てず、冷静に対処することが求められます。

❷ ヤジがあるのは、当たり前

　まずは、答弁している最中に、激しいヤジを飛ばされたときの対応から取り上げましょう。

　以前、東京都議会で、ある議員が女性議員に対し、セクハラのようなヤジをして大きな問題となり、最終的に、当該議員に謝罪をすることで幕引きとなりました。このときは議員に対するヤジですが、行政側に対するヤジも、本会議でも委員会でも、よくあるものです。

　ひどいときには、職員の答弁が聞こえなかったり、議長が制止しても、なかなかおさまらなかったりします。ちなみに、こうしたヤジは、不規則発言として議事録にも「『もっと、きちんと答弁しろよ』と呼ぶ者あり」のように記載されますが、誰が発言したかはわからないようになっています。

　結論からいえば、答弁者はヤジがあっても動じないことが必要です。ヤジを防ぐことはできないので、「ヤジがあるのは、当たり前」程度に思っていたほうが気は楽になります。

❸ ヤジにもいろいろある

　ヤジの中には、答弁者を応援してくれるものもあります。行政側が答弁していると、「そのとおり！」「頑張れ！」などと応援してくれる場合があるのです（応援してくれるのは、もちろん基本的には与党議員です）。

　問題なのは、否定的なヤジです。代表例としては、答弁における声の大きさや話し方に問題がある場合は、「聞こえない！」「何を言っているかわからない」「答弁が長すぎる！」などがあります。

　また、答弁の内容に対するヤジとしては、「消極的だ！」「そんな答弁じゃダメだ」などがよくあります。かつては、人格攻撃のようなヤジもありましたが、前出のセクハラ発言などが報道されたこともあってか、今ではそのようなひどいヤジはなくなりました。

　ちなみに、答弁者にとって最もつらいのは、答弁中に質問している議員から直接ヤジが飛ぶことです。質問者からヤジが飛ぶということは、答弁が不満であるという表れですから、答弁者にとっては非常につらいものがあります。しかし、そうしたヤジがあっても、**答弁している間は、ヤジに心を動かされず、答弁に集中する**ことです。

　ヤジに応じて答弁を変えてしまうと、支離滅裂になったり、内容がブレてしまったりします。そもそもヤジは先に述べたように不規則発言なので、対応する必要はないのです。

　なお、傍聴している住民からもヤジが飛ぶことがありますが、これも無視してかまいません。そもそも、傍聴席のヤジは規定に違反しているので、議長や委員長から制止されます。

> **POINT**　ヤジは気にしたら負け。心を落ち着かせ、自分の職責をしっかり果たすことが答弁者の役割と心得よう。

7 議員の質問内容が間違っているとき

❶ 質問の大意が間違っていなければ気にしない

　意気揚々と告げられた議員の質問の内容が、実は間違っていることがあります。間違っている内容は、細かいものから、質問している内容そのものを勘違いしているようなものまであります。

　まず、質問の大筋は間違っていないものの、引用しているデータなどの数値や文書の文言が微妙に違っている場合。これは、予算額、住民意識調査結果、年月日など、さまざまです。しかし、**質問そのものの大意に間違いがなければ、あえて答弁の中で修正する必要はない**でしょう。いちいち答弁で修正すると、かえって議論の流れを止めてしまいます。

　ただし、議事録に間違った発言内容がそのまま掲載されてしまうので、**本会議や委員会終了後に議員や議会事務局に伝えておくとよい**でしょう。訂正は、議会事務局で対応しますが、議員も議会事務局も間違いの事実を知らないと、そのまま議事録に掲載されてしまうので注意が必要です。

❷ 質問自体が間違っていても、答弁は否定だけで終えない

　次に、質問自体が間違っており、議員の発言どおりでは質問として成立しない場合があります。

　例えば、「現在、認可外保育所に通う園児の保護者に対し、月5千円の補助をしているが、月1万円に増額すべきだ」のような質問があったとします。このとき、実はすでに1万円の補助を行っており、5千円の補助をしていたのは2年前のことだった……といったケースです。

　こうした場合、「認可外保育所に通う園児の保護者に対しては、すで

に月1万円の補助を行っており、月5千円を補助していたのは2年前のことです」と、真正面から質問を否定しては、議員の面子をつぶしてしまいます。このため、**議員の趣旨をふまえつつ、やんわりと間違いを修正する姿勢がよいでしょう**。

例えば、「認可外保育所に通う園児の保護者に対しては、2年前には月5千円の補助となっておりましたが、平成27年4月からは月1万円に増額させていただいております。しかし、この認可外保育所に通う園児の保護者に対する補助については、依然として増額の要望があることは事実であります。このため、今後については状況の推移を見て、検討してまいります」のように、直接否定せず、さらに趣旨を汲み取って答弁することが大事です。議員も答弁を聞けば、自分が間違えたことに気付くので、これ以上追及してくることはありません。

❸ 答弁の中で質問の間違いを直す

内容によっては、答弁の中で間違った質問を修正するという方法もあります。先の例でいえば、「先程、委員から認可外保育所の在園児保護者に対する補助の増額のご質問がございました。月1万円にというお話でしたが、現在1万円ですので、さらに増額をすべきというご趣旨かと思い、答弁させていただきます。確かに、……」のように、やんわりと質問の間違いを指摘しつつ、あくまで質問の趣旨をふまえて、答弁するものです。

こうすれば、間違いを指摘しつつ、質問にもきちんと対応した答弁となります。

> **POINT** 真正面からの否定は×。議員の面子を立てつつ、修正が必要な場合はあくまでさりげなく。

8 想定外のことを聞かれたとき

❶ 野党議員は、事前取材のまま質問するとは限らない

　議員に事前取材をしたにもかかわらず、委員会当日などに想定外の質問をされるときがあります。

　野党議員の場合、行政側を追及するのが基本姿勢ですから、こうしたケースはよくあります。事前に取材して質問の内容を教えてくれたとしても、委員会当日には、わざと事前に話した内容については質問せず、まったく異なる質問をしてくる議員もいます。

　自治体によって異なるかもしれませんが、こうした経験から、私自身は**野党議員に取材に行って、事前に質問内容を教えてくれたとしても、信用しないことにしています**。

　もちろん、議員にも事前に取材された際に答えたとおり質問する義務はありません。言い方は悪いのですが、議員をそのまま信じると自分がバカを見てしまいます。**最初からあまり期待せず、もし事前の取材内容がそのまま質問されたら、「ラッキー！」と思うようにしています**。そのほうが、精神衛生上も楽です。

　そのため、野党議員の質問対策としては、どんな質問がきても対応できるよう、想定問答集の準備など、万全を期しておくしかありません。また、事前取材に行った際、会話の端々で、他の話題に言及することがあるので、そうしたところから「本当の質問」を探るしかありません。

❷ 関連事項でしのぐ、一般論に徹する

　与野党を問わず、想定外の質問はときにあります。そのとき、どうするか。ポイントは2つです。

1つ目は、**質問にストレートに答えられなくても、類似することで答えられるならば、質問内容に寄せて回答する**ことです。

　例えば、「幼稚園における防災対策」について、本来であれば、教育委員会が答えるべきところを、たまたま防災課長が質問されたとします。このとき、幼稚園についてはわからなくても、学校や保育園における防災対策の知識が少しでもあれば、それらを答えつつ、「子どもの施設については、こうした取組みを行っておりますので、おおむね幼稚園における防災対策も同様のものと認識しております」と答えてしまうのです。

　質問に対して真正面から答えたことにはなりませんが、関連する事項について言及し、なんとかしのぐパターンです。

　2つ目は、**本当にまったく知らない場合に、一般論を答える**ものです。

　先の質問であれば、幼稚園、学校、保育園の防災対策について詳しくは知らない場合です（本来、防災課長にそのような知識がまったくないということはありませんが、あくまで例ということでご理解ください）。

　この場合は、一般的な防災対策として、自助・共助・公助について説明したり、どの施設も行っている防災訓練について説明したりします。細かな各論の議論を避け、あくまで一般論に徹するパターンです。

　また、議員によっては、得意気に知らない横文字を並べたり、やたら専門用語を使ったりして質問してくることがあり、意味が不明のことがあります。この場合も、議員の発言からおおよその内容を推察し、一般論を答えることで何とか対応ができることがあります。

POINT 困った質問には「かわす」の一手のみ。関連事項や一般論でその場をおさめよう。

9 質問内容を忘れてしまったとき

❶ まずは質問内容を忘れないための準備を

　すでに述べたとおり、議員が質問している間は常にペンを持ち、質問をメモしておくのが基本です。

　仮に、事前取材で質問内容がわかっている場合でも、実際の質問が本当に事前取材の内容と合致しているか、チェックしながらメモをとります。特に、質問項目が複数に及ぶ場合には、こうした準備は必須です。

　チェックを行うことで、「質問していないことを答えている」「質問したのに答えていない」といった事態を避けることができます。

　メモをせず、質問内容を忘れてしまったときに、近くの管理職がそっと教えてくれることもありますが、メモは答弁に欠かせない準備だと心得ましょう。

❷「答弁が漏れておりましたら、ご指摘ください」

　しかし、それでも、やはり質問を忘れてしまうことがあります。うっかりペンを忘れてメモがとれなかったり、議員の激しい発言に気を取られてメモし忘れたりした場合です。質問がわからない、しかし、答弁に立つことになってしまった――。

　こんなときは、開き直ってしまうしかありません。具体的には、数多くの質問項目があり、すべてを書き留めることができなかった場合です。こんなときは、「あっ、忘れたかも……」と思っても表情には出さず、発言の冒頭で「数多くのご質問をいただきました。全部で8点のご質問かと思いますが、もし答弁が漏れておりましたら、ご指摘いただければと思います」と最初に言ってしまうのです。これは、あくまで予防線を

張っておくといった感じです。

　もちろん、質問の数が２つとか３つの場合は、この方法は使えません。あくまで、質問項目が多数の場合に限ります。質問項目があまりに多ければ、答弁が１つ２つ抜けていても、議員も大目に見てくれるものです。なお、「もし答弁が漏れておりましたら、ご指摘いただければと思います」とは言いますが、あくまで「一応、全部の質問について答えているはず」という姿勢で発言します。そうすれば、「忘れてしまった」というこちらのミスを表に出さずに済みます。

❸「あとは……、何でしたっけ？」と間を置いて待つ

　上記とは異なり、質問の数が少なかったにもかかわらず、メモしていなかったために質問を忘れてしまうことがあります。そして、周囲の人もメモをしておらず、助け舟もないときです。

　このときは、もうお手上げです。「すみません、あとの質問を忘れてしまいました」と正直に述べて、白旗を揚げるという手もあります。ただ、ここで１回発言が途切れてしまうと、議員はまた同じ質問を発言しなければいけないので、あまり格好のよいものではありません。

　そんなとき、あえて使う手として、**答えられる質問にはすべて答えた上で、最後に「あとは……、何でしたっけ？」と独り言のように話し、少し間を置いてみる場合もあります**。そうすると、ほとんどの場合、議員や周囲の職員が「○○のことだよ！」と言ってくれるものです。そうすれば、そのまま答え続けることができます。あまり格好のいいものではありませんが、何とかその場を乗り越えることができます。

POINT 質問を忘れないための工夫はもちろん、答弁中に相手から情報を引き出すテクニックも覚えておこう。

10 議員が怒って質問してきたとき

❶ 怒りの対象を冷静に分析する

　議員が行政側に対して怒って質問することがあります。怒りの対象は行政の不作為だったり、特定の職員だったりといろいろです。

　議員が戦闘モードで質問してくると、若手管理職は、気後れしてしまうことがよくあります。このようなときは、どうすればよいでしょうか。

　1つ目は、**慌てず冷静に議員の怒りの対象を考えてみる**ことです。議員が鬼の形相でこちらに質問してきたとしても、怒りの対象は必ずしも自分とはかぎりません。広く行政一般に対する怒り（野党議員の質問には多い）であったり、社会に対する義憤だったり、まったく関係ない第三者に対するものであったりするものです。

　もし、自分に対する怒りでないことがわかれば、どんなに興奮して質問してきたとしても、「そんなこと、自分に言われても……」と案外冷静になれるものです。最初は、議員の迫力に圧倒されてしまうかもしれませんが、そこで思考停止に陥らず冷静に分析してみてください。

　自分への怒りではないとわかれば、冷静に議員が怒っている様子を見つめ、慌てずに答弁することができます。

❷ 「演技で怒っている」と考えてみる

　2つ目は、**議員が、実は演技で怒っているのだと考えてみる**ことです。例えば、議員は住民や事業者の意見をふまえて、行政を追及することがあります。これは、与野党問わずです。住民などの声を代弁している議員は、彼らの思いをそのまま行政に伝えることが求められます。

　実際に、ある委員会で、議員・傍聴者からヤジが飛び交う中、厳しく

追及された後で、議員から「さっきは、悪かった。住民の手前、どうしても厳しく言わざるを得なかったんだ」と声をかけられた、という話を聞いたことがあります。

このように、議員は必ずしも自分の感情で怒っているわけでなく、怒っていることを演じなければならないときもあります。このため、**議員が怒っているからといって、すぐにその議員が自分に対して怒りを向けているとは思わないことです。**

❸「役職」に対して怒っていると考える

3つ目は、それでも自分に対し怒っているのであれば、それは自分個人でなく、たまたま自分の「役職」に対して怒っているものだと考えてみましょう。

「たまたま、自分が○○課長というポストにいるから、こんなふうに言われているだけで、自分という個人が否定されたわけではない」と考えれば、少しは気が楽になります。

ある自治体で公立保育園の民営化を行うことになったのですが、住民から反対運動が起こり、議員も行政の姿勢に怒り、審議はかなりの長時間におよびました。その担当課長は複数の議員から質問攻めに遭い、少しムキになってして答弁していたようです。しかし、あまりの長時間と激しい議論のためか、その課長は委員会室で倒れ、救急車で運ばれてしまったのです。一所懸命に仕事をするのは大事なことですが、それで体を壊してしまっては本末転倒です。仮に議員が怒ったとしても、それに真正面から対抗するのは得策ではありません。どんなに激しい言葉を浴びせられても、クールに対応する冷静さと強かさが求められます。

> **POINT** あなた個人を恨んでいるわけではない。さまざまな状況を想定して、議員の怒りを冷静にやり過ごそう。

第7章

やってはいけないダメ答弁

この章では「やってはいけないダメ答弁」について考えていきます。「この答弁はまずいんじゃないの」「あの答弁、おかしいよね」と思うダメ答弁を分析し、反面教師にしていきましょう。ダメ答弁をやってしまいがちな理由と、それらを防ぐ方法をまとめました。

1 資料を棒読みする

❶「資料棒読み」タイプとは

まず、最も多いといっても過言ではない、手元にある資料を棒読みしてしまうタイプです。

【概　要】
　質問に対し、ただ手元の資料を棒読みするだけの答弁

【特　徴】
- 事前に質問を取材しており、準備した資料の文章をそのまま読むだけ
- 発言に抑揚がない、感情が込もっていない
- 議員の目を見ないで、ずっと下を向いている

【答弁を聞いている周囲の反応】
- 「事前に質問と答弁ができあがっている。やらせだな」
- 「議員の質問に答えているというより、単に読み上げているだけだ」
- 「質問している人を見ないのは、態度としてどうなの？」

【このダメ答弁をやってしまうタイプ】
- 間違った答弁を恐れて、答弁の一字一句が気になる
- 議員を極度に恐れている
- 真面目すぎる、失敗を恐れる

❷「資料棒読み」タイプにならないための処方箋

　議員と行政側で、質問・答弁が十分に調整されていると、お互いに手元の資料を読み合うだけになってしまうことがあります。まるで、平安時代の貴族がお互いに和歌を詠み合うかのように、ただ手元の資料を見て話しているだけ。これでは、傍聴者などは違和感を覚えるはずです。

　まず大切なのは、**質問した議員の目を見て答えるよう意識する**こと。これで、単なる棒読みになるのを避けることができます。

　理想を言えば、質問した議員に対して丁寧に説明している、もしくは一所懸命に語りかけているように演じることです。こうすると、誠実に答弁しているように映ります。

　また、**資料は答弁の一字一句すべてを書くのでなく、要点だけをまとめましょう**。資料に答弁で読み上げる内容を、台詞のようにすべてまとめていると、どうしても字面を追ってしまいます。ある程度の文字の分量があると、目を離せなくなってしまうのです。

　そのため、資料を作成する際には、ポイントだけをまとめましょう。外せないポイントだけまとめておけば、資料をずっと見つめていることは避けられますし、自分の中で答弁の整理ができ、相手に対して答えるという意識も生まれてきます。

> **POINT**　議会答弁は、言葉のやりとり。それを忘れず、アイコンタクトや声の抑揚など、できる工夫は尽くそう。

2 早口でまくしたてる

❶「早口でまくしたてる」タイプとは

　これは、答弁がとにかく早口になってしまい、激しい勢いで話すタイプです。「1秒でも早く、この答弁から逃れたい」と思っているかのように思える人もいれば、答弁にかぎらず、普段から早口で話すのが癖になっている人もいます。
　「早口でまくしたてる」タイプは、以下のような整理ができます。

【概　要】
　とにかく早口。その話し方は、よくマシンガンとも呼ばれる

【特　徴】
- 日常的に早口が癖になっている場合、本人としては普通に話しているつもりで、自覚症状がないこともある
- 答弁のときだけ早口になっている場合は、焦っていることがほとんどで、少しでも早く答弁を終えたいと思っている
- たまに議員の挑発に乗ってしまい、早口になってしまうこともある
- 早口が次第に加速し、後半さらに早くなる「早口加速タイプ」もいる

【答弁を聞いている周囲の反応】
- 「早口で、何を言っているのかわからない」
- 「あ〜、あの人、かなり焦っているね」
- 「答弁の後半は、もはや聞き取り不能だね」

【このダメ答弁をやってしまうタイプ】
- もともと普段から早口の人
- 「早く答弁を終えたい」と、意識的もしくは無意識に思っている人
- カッとなりやすい短気な人

❷「早口でまくしたてる」タイプにならないための処方箋

　本人は普通に答弁しているつもりなのですが、実際には答弁の内容を聞き取ることができません。これでは、せっかく答弁しても、効果が薄まってしまいます。早口にならないための注意点としては、以下の点が指摘できます。

　まず、自分が早口で答弁していることを意識しましょう。実は、このタイプの人は「自分が早口であること」を自覚していないことが意外に多いのです。

　しかし、**少しでも自覚症状があるならば、自分の答弁が早口になっていないか、上司や部下に一度聞いてみてください**。自分自身では気が付かないことでも、第三者であれば冷静に判断してくれます。また、最近では議会のホームページなどに委員会の様子が動画ファイルで保存・公開されていることもあるので、それらを見ることも有効です。

　その上で、**答弁の１文と１文の間に、意識的に間を置いてみましょう**。早口の人は、とにかく答弁の最初から最後までを一気に発言しています。しかし、通常、答弁はいくつかの文で構成されていますから、この１文と１文の間に少し時間を置いて、話すようにするのです。そうすると、答弁全体を一気に話すことは避けられます。

　ちなみに、この１文と１文の間の接続詞の選択に注意すると、答弁全体が論理的になります。また、接続詞を少しゆっくり発音することで、発言が聞き取りやすくなります。

POINT　自分では気付かなくても、まわりは苦笑いの可能性も。一拍置いて話すようにしよう。

3 ダラダラと長くメリハリがない

❶「ダラダラ」タイプとは

　前項の早口タイプとは反対に、ダラダラと発言をしてしまい、締まりのない答弁になってしまうのが「ダラダラと長くメリハリがない」タイプです。このタイプは以下のように整理できます。

【概　要】
　とにかく自分のペースで、時間を気にせずに長々と話す

【特　徴】
- 前置きが長い、丁寧すぎる、周囲の空気が読めない
- 周囲から「話が長い！」と言われても、あまり気にならない
- 議員から敬遠されて、その人が在籍中は質問されないこともある

【答弁を聞いている周囲の反応】
- 「時間制を導入しているんだから、後の質問時間がなくなってしまうじゃないか。この時間泥棒！」（by 議員）
- 「よくあれだけ質問に関係ないことを、ペラペラ話せるなあ」
- 「今の答弁を集約すれば30秒で済むんじゃないの」
- 「結局、質問への答えは何？」

【このダメ答弁をやってしまうタイプ】
- もともと話の長い人
- 「要約や結論をまとめて！」と言われても、最初から話さずにはいられない人
- 実は自己顕示欲が強い人

❷「ダラダラ」タイプにならないための処方箋

　この「ダラダラ」タイプは、皆さんの自治体にも1人や2人はいるのではないでしょうか。私自身も、これまでの議会での答弁者を振り返れば数人の顔がすぐに浮かびます。この経験をもとに、少し考察を加えてみたいと思います。

　1人は、自分が答弁している間に、自分に酔ってしまうタイプでした。言葉は丁寧ながら、言葉の端々に「自分はこんなに頑張っているんだ！」という雰囲気が醸し出されていました。気持ちはわからなくもないのですが、やはり少し耳障りでした。そして、とにかく話が長く、議員や上司から「早くまとめろ！」とか「簡潔に答弁しろ」などと注意されていましたが、結局は最後まで直らず、退職していきました。

　もう1人は、答弁が丁寧すぎて、話が長くなってしまうタイプでした。前置きが長い、要約することができない、というタイプで、こちらも議員や上司から注意されていました。

　この2人に共通していた点は、他の人から何度か注意されても、結局直らないという点です。

　こうしたタイプの人は、**「1分で答弁を終える」などのルールを自分に課すことが大事**です。どうしても、話が長くなってしまう生来の性格なので、時間制限を設けることが有効だと思います。

　議員や上司から注意されても直らないことを考えると、本人の努力で直すというよりは、同僚や直近の上司などがサポートすることも重要かもしれません。本人に自覚させることはもちろん重要ですが、他人も関わって、きちんと簡潔に答弁させることが必要でしょう。

> **POINT**　先にまとめておいた要点を核に、時間管理を意識して答弁しよう。

4 結局何を言っているかわからない

❶「結局意味不明」タイプとは

　議員からの質問に対し、一所懸命に答弁するものの、結局は何を言っているかわからないのが「結局意味不明」タイプです。言葉の数は多いのですが、それらを要約しても意味がよくわからないのがこのタイプで、以下のような整理ができます。

【概　要】
　答弁はしているが、結局、何を言いたいのかがわからない

【特　徴】
- 基本的に言葉は多いが、結論が見えない
- かといって、質問にまったく関係ないことを言っているわけでもない
- 質問した議員にとっては、答弁への反応がしづらい
- 議員から、「結局、答弁の内容がよくわからないので、結論を簡潔明瞭に答えていただきたい」と二の矢を放たれることも多い

【答弁を聞いている周囲の反応】
- 「いろいろ話していたけど、結局、結論は何？」
- 「昔、『言語明瞭・意味不明』って言葉があったよな。あれを思い出す」
- 「質問と答弁が対応してないのでは？」

【このダメ答弁をやってしまうタイプ】
- 質問の前置きや前振りに反応してしまう人
- 細かいことに気が付くけれど、大事なことが抜けてしまう人
- 要約が苦手な人

❷「結局意味不明」タイプにならないための処方箋

　このタイプの答弁は、結論が不明です。その原因は、「話の内容に一貫性がない」「話の構成が論理的でない」「質問への回答が不明瞭である」ことにあります。これらを防ぐためには、以下のような点が指摘できます。

　1つ目は、**要約力を身に付ける**ことです。議員の質問は、突き詰めれば、1行程度の問いに集約できます。議員が聞きたいことは、その問いに対する答えです。同様に、答弁も1行程度に集約できるはずです。

　要約力は、簡単にいえば、結論を素早くまとめる力です。これは、重要でないもの、具体的には前置きや前振りをばっさり切り捨てる能力ともいえます。本質ではない部分を切り捨てることができれば、的確に質問に答えることが可能になります。

　2つ目は、**論理力を養う**ことです。これまでも説明してきたように、答弁は論理的であることが求められます。単に、議員が言及したことに1つひとつ対応しても、答弁としてはバラバラになってしまいます。前後のつながりが不明確な話は、構成も非論理的で、聞いている議員に混乱をもたらすだけです。

　やはり**重要なのは、質問の主旨を的確にとらえ、それに対して論理的に答えること**です。これにより、前後の脈絡がなくなることを避けることができます。

　論理的な説明をするためには、三段論法、演繹法など、いくつかの技術があります。これらについては、たくさん本も出ているので参考にしてみるとよいでしょう。

> **POINT**　要点を確認した上で、論理的な話し方を心がけよう。

5 質問に正面から答えていない

❶「質問に答えていない」タイプとは

　前項の「結局意味不明」タイプに類似しているのですが、いろいろと答弁するものの、結局は質問に答えていない答弁があります。質問に正面から向き合っていない、質問の内容をきちんと受け止めていないと思わせるような答弁です。このタイプは次のように整理ができます。

【概　要】
　答弁はしているが、結局は質問の答えがわからない

【特　徴】
- 質問に関連したことは答えているが、肝心の質問には答えていない
- 答弁者によっては、質問に対する明確な回答を言わない（言えない）ために、あえてこうした答弁をすることがある
- 通常は、議員に再質問されて、「結局、先の質問への答えは何か」と迫られる

【答弁を聞いている周囲の反応】
- 「だから、結局、質問への答えは何？」
- 「なんだかんだ言っても、質問に答えていないよ」
- 「本当は、質問の意味がわかってないんじゃないの？」

【このダメ答弁をやってしまうタイプ】
- 質問の趣旨をきちんと理解していない人
- 質問に対して真正面から答弁することを避けたい人
- 質問に対して真正面から答弁できないために、何とかごまかそうとする人

❷「質問に答えていない」タイプにならないための処方箋

　このような答弁をしてしまう背景は、いくつか想定できますが、大きく2つに分類すれば、故意か無意識かになります。

　故意の場合は、「その質問に真正面から答えることは避けたい」もしくは「その質問に真正面から答えられない」と考えていることがほとんどです。しかし、いずれの場合も、議員から再質問されて、質問への答えを要求されます。そのため基本的には、そもそも質問に答えていない答弁は避けるべきです。答えられない場合の対応は、本書134頁を参考にしてください。

　では、無意識でこのような答弁をしてしまう場合は、どのような点に注意するべきでしょうか。

　まずは、前項で述べたとおり、要約力を身に付けること。質問の主旨を的確につかむ能力が必要です。長文の質問であっても、確実に主旨をつかむことが求められます。**日頃から要約して「結局は何？」「だから何？」と考える癖をつけておくことも有効です。**

　そして、**答弁については基本的に「結論」➡「理由」の順番で説明する**ことです。先に結論を話すことを習慣化すれば、質問に対する答えを言わないことはなくなります。

　「○○についてのご質問をいただきましたが、これについては△△となっております。なぜならば、□□だからです。以上のことから、△△となっております」のように答弁すれば、まず質問に対する答えを聞き、次にその理由がわかるので、非常にわかりやすくなるのです。

> **POINT** 聞かれていること・答えることの、どちらも要約する癖を付けよう。

6 ムキになって反論する

❶「ムキになって反論」タイプとは

　議員の質問に対して、ムキになって反論してしまうタイプがいます。

　典型的なのは、すぐにかっとなってしまう短気な人。熱い性格なのか、議員の質問で火が点いてしまう人です。また、他人から否定されることを極度に嫌がる人もいます。相手に自分を否定されると、「それは違います！」とすぐに反論してしまうのです。いずれのパターンであれ、結果としてはムキになって議員に反論してしまいます。

　しかし、これまでも少し触れましたが、感情的になっても答弁にはプラスになりません。熱くなってしまうと、答弁も非論理的になり、マイナスの効果しかありません。

　このようなタイプは以下のように整理できます。

【概　要】
　議員の質問に対してムキになってしまい、感情的に答弁する

【特　徴】
- 議員の挑発に簡単に乗ってしまう
- 行政に対する議員の否定的な言動に、敏感に反応してしまう
- エスカレートすると、単なる言い争いにしか聞こえなくなる

【答弁を聞いている周囲の反応】
- 「あーあ、議員の挑発に乗っちゃった」
- 「売り言葉に買い言葉では……」
- 「もはやケンカだな、あれは」

【このダメ答弁をやってしまうタイプ】
- 短気な人
- 自分を否定されることに極度に敏感な人
- とにかく熱い人

❷ 「ムキになって反論」タイプにならないための処方箋

　議員の質問にムキになってもメリットはありません。「売り言葉に買い言葉」では、引っ込みもつかなくなりますし、答弁も非論理的になるなど、よいことはありません。感情的になればなるほど、冷静な判断ができなくなります。

　議員が興奮してきたり、もしくは挑発してきたりしても、それに反比例して冷静沈着になって答弁するくらいでちょうどいいのです。相手が興奮してきても、こちらが冷静でいられれば有利になるからです。

　ムキになって反論しやすい人は、今までの答弁を振り返り、その結果どうなったのかを冷静に見直してください。そもそも、答弁も業務の1つにすぎません。自分に与えられた職責の1つとして答弁しているだけで、これで自分という人間が判断されるわけではありません。また、議員の発言もその議員の判断にすぎません。

　また、**議員の質問にすぐに答えず、ワンテンポ置き、かつゆっくりと答弁してみましょう。**議員の発言が挑発的だったり、行政を追及するようなものであったりしても、すぐ答えず、わざと間をあけます。また、答弁自体もゆっくり答えることによって、冷静沈着でいられます。場合によっては、途中で「何言っているんだ！」などと、ヤジを言われることもありますが、気にしないようにします。

> **POINT** 答弁は業務の1つ。感情的になる必要はどこにもないので、職責を果たすことだけを考えよう。

7 議員に迎合してしまう

❶「議員迎合」タイプとは

　議員の言うことに反論や抗弁ができずに、「議員のおっしゃることは、ごもっともです」と同調してしまうタイプ、それが「議員迎合」タイプです。こうした答弁をしてしまう背景は、いくつかあります。

　まずは、議員を恐れている場合です。この場合、答弁にかぎらず、議員への対応全体において、そのような態度になってしまっています。

　また、議員を恐れているわけではなく、議員の主張に反論したり、抗弁することを面倒くさがったり、早く答弁を終えたいと思って、安易に迎合してしまったりすることもあります。「議員に説明してもどうせわからないから、反論せずに『はい、はい』と言っておけばいいや」といった感じです。

　こうしたタイプは以下のように整理できます。

【概　要】
　議員の発言に反論や抗弁をせずに、迎合してしまう

【特　徴】
- 議員の発言に従順
- 議員を持ち上げる発言をしてしまうことさえある
- 質問している議員が「本当に、それでいいの？」と逆に心配になることもある

【答弁を聞いている周囲の反応】
- 「あ〜あ、あの質問にイエスと言っちゃったよ」
- 「議員に説明するのが面倒なんだな、きっと」
- 「少しは反論してほしいよな」

【このダメ答弁をやってしまうタイプ】
- 議員を恐れている人
- 議員に事細かに説明することが面倒だと思っている人
- そもそも議員の疑問について、きちんと説明しようという気持ちがあまりなく、安易に迎合してしまう人

❷「議員迎合」タイプにならないための処方箋

1つ目は、**そもそも議員との関係について見直す**ことです。議員と腹を割って話す関係ができておらず、日頃から議員にきちんと話すことができないのであれば、通常時の議員との関係から見直す必要があります。できるだけ数多く議員と話す機会を持ち、苦手意識を払拭しなければなりません。

2つ目は、**組織として何を主張しておかなければならないかを考えておく**ことです。答弁は答弁者個人の問題ではなく、組織としての問題になります。

このため、「面倒くさい」とか「議員に言っても無駄」と思っても、ちゃんと言わなくてはなりません。ですから、個人としてではなく、組織として責任のある答弁を考えることが必要になります。

いずれにしても、**議員に迎合してしまうと、議事録にそのまま残ってしまうので注意が必要**です。

後で、議員から「あのとき、あのように言ったではないか」と言われてしまえば、反論できません。それは、発言した当事者だけの問題では済まないのです。

> **POINT** 議員を怖がったり面倒くさがったりすると、それは組織としての対応になってしまうので要注意。

第8章

本当に困ったときの答弁裏ワザ集

本書の最後に、議会答弁における「奥の手」を紹介します。管理職としてのあり方が問われかねない「禁じ手」に近い行為もありますので、あくまでご参考まで。どうしても苦しいときに、リスクをよく考えてから実践してみてください。

1 事前取材ですべて答えてしまう

❶ 議員に質問する気をなくさせる

　中国の兵法書『孫子』には、「百戦百勝は、善の善なる者に非ざるなり。戦わずして人の兵を屈するは、善の善なる者なり」という言葉があります。これは、「百回戦って、百回勝利をおさめたとしても、それは最善の策とはいえない。実際に戦わずに、敵を屈服させるのが最善の策である」という意味です。

　これに従えば、「議員の質問に対し、いかにうまく答弁するか」ではなく、「そもそも議員に質問する気をなくさせる」ことが最もよいということになります（あくまで、個人的解釈ですが……）。

　この質問を防ぐための方法についてまとめてみたいと思います。なお、これらの方法はあくまで個人的な見解ですので、**実際に使用する場合は、ご自身の責任でお願いします**。これらの方法を試してみて、議員との関係がこじれてしまっても、責任は負いかねますので、念のため。

❷ 事前に細かく説明して、質問する気持ちをなくさせる

　裏ワザの1つ目は、「事前取材ですべて答えてしまう」です。

　これは、すでに少し触れましたが、議員への事前説明を行うことで、議員の質問しようという気持ちをなくしてしまうものです。

　例えばある事件が発生し、住民からも議員からも注目が高まっているとします。こうした時事ネタは、次の定例会などで一般質問の項目として取り上げられることが多く、議員の関心も高いものがあります。この議員の関心が高い間に、執行機関側が議員に十分に説明してしまい、疑問などにすべて答えてしまうのです。

この際、この事件の対応に行政としての課題（今後新たな事業を行う必要があるなど）が残ってしまうと、「こうした事件に対して、今後、市はどのように対応するのか」などと質問に結びついてしまいます。しかし、こうした課題がなく、一過性のものとして処理できるような事件であれば、議員が質問しても実のある答弁は得られません。そうなると、議員も質問しないということになります。

　ポイントは、**とにかく議員の疑問点をすべて解消するよう、少々しつこいくらいに接触して、とにかく説明してしまうこと**。もちろん、すべての議員にそうした対応はできないので、質問に取り上げそうな議員を見定めることが重要です。

　議員としては、その事件の概要や対応について、十分知ってしまうと、関心が薄まり、質問に至らないことがあります。まだ知らないこと、疑問に思っていることがあれば、「今度、質問しよう」となるのですが、ある程度内容を知ってしまうと興味を失ってしまいます。

　これは、事件などの突発的な事項にかぎらず。例えば、日頃から自分の事業について説明しておく、議員から電話で問い合わせなどがあった場合に、十分に説明しておく、などのように丁寧な対応をしておくと、「もうこの問題については、十分知っているから、質問することもないな」ということにつながります。このように答弁対策として議員への事前説明は有効です。

　ちなみに、議員との接触回数を増やすことは「質問つぶし」には有効ですが、「なんか、質問としていいネタはない？」とかえって質問の材料を求められることもあるので、諸刃の剣かもしれません。

> **POINT** 議員に説明を尽くすと、興味を失うこともあるが、別の提案を求めてくることも。

2 その質問には意味がないと思わせる

❶「これを質問しても、実のある答弁にはなりません」

　議員は、「私が本会議で防災資機材について質問したことによって、来年度にすべての学校に組み立て式トイレが設置されることになった」などと、住民に話したいと思っています。

　自分の質問によって、成果を挙げたことを有権者にアピールしたい。これが議員の本音です。そうであれば、「この質問をしても、何の成果もない」と思わせれば、質問はしてこない可能性が高くなります。

　例えば、質問のネタを探している議員から呼び出されて、「現在、うちの市の景観事業はどんな感じなの？」などと聞かれることもよくあります。このとき、議員は「そうか、この景観事業について、まちづくりの観点から質問すれば、こんな答弁が返ってくるんだな」と予想します。答弁の内容が自分の成果に結びつきそうであれば、質問する可能性が高くなるわけです。

　そこで、「先生、この景観事業について質問されても、こんな答弁にしかなりませんよ」と説明してしまいます。つまり、**質問してもあまり意味がないと理解させる**のです。そうすれば質問にならない確率が高まります。

　ただ、当然のことですが「あまり実のある答弁にはならない」ことがウソではいけません。ウソをついて「これはいい質問にならない」と説明して、後でばれてしまったら大変なことになります。議員との信頼関係はなくなりますし、「問題管理職！」として目をつけられるので注意が必要です（その後、部長や副市長、市長に議員からクレームがいくこともあります）。

❷ 他の質問ネタを提供する

　なお、この「実のある答弁になりません」手法を使うのであれば、単にそれだけでなく、「先生、それよりも保育園整備などの質問はどうですか」と、他の質問のネタを持って行くとよいでしょう。単に「この景観事業は実のある答弁とはなりません」だけでは、議員は、引き続き質問のネタ探しをしなければなりません。

　しかし、他の質問のネタを提供できれば、質問を探している議員にとっては、とてもありがたいのです。

　その際は、いい質問のネタを探すことが大事です。複数のネタを持って行き、議員の興味に応じていろいろと話し合うことができれば、確実に質問につながります。

　なお、この手法を使う場合は注意があります。それは、**提供した質問ネタを所管する管理職に、自分がそのネタを提供したことがバレないようにする**ことです。議員がその管理職に「○○課長に景観事業のことを聞いていたら、『景観事業よりも保育待機児童問題のほうがいいですよ』って言われたんだ」と言われてしまうと、関係がこじれてしまいます。

　実際、いつも特定の議員の相談役になる管理職がいます。「毎度で悪いんだけど、この定例会で質問することになったんで、何かいい質問ネタはないかな」と頼りにされるのです。そうなると、自分への質問はかなりの割合で回避できます。

> **POINT**　嘘は禁物。もっとよい質問を提案すると、自部署への質問はかわせるかも。

▼3 質問で生じる不都合を説明する

❶「今回は、質問しないでください」

「質問で生じる不都合を説明する」という方法もあります。

例えば、公立保育園の民営化の例です。当初は、在園児の保護者からの反対があったものの、粘り強く話し合いをし、ようやく理解を示してもらい、両者が合意できる一歩手前まで行きました。

この時点で、議員から保育園の民営化の妥当性など、そもそもの「あるべき論」を質問されてしまうと、せっかくまとまりかけた話が元の木阿弥になってしまう可能性があります。

そこで、「微妙な時期なので、本会議で民営化の是非について質問をしないでほしい」と議員に依頼するのです。本会議質問となれば、注目されるのは必至です。保護者ではない第三者などからも、「そもそも保育園の民営化はどうなのか」という疑問が示され、せっかくまとまりかけた内容がご破算になってしまう可能性があります。このような事情を議員に話し、質問しないようお願いするのです。

もちろん、依頼したからといって、質問しないとは限りません。「そのような微妙な時期だからこそ、あえて質問する」という、行政から見れば困った議員も確かにいます。ただ、できるだけ丁寧に議員に事情を話し、何とか了解してもらえれば質問にならなくなります。

❷「これを質問すると、困る人が出てきます」

「これを質問すると、困る人が出てきます」と伝える方法もあります。

例えば、いわゆる迷惑施設の建設が市の大きな課題となっていたとします。当初、建設予定地の地域住民から大きな反対運動があったものの、

どうにか話がまとまりかけてきました。しかし、強行に反対する1人の住民がいて、事業が進捗しない理由となっていました。その住民が、たまたま市の審議会委員を務めている人でした。

このようなケースで、「なぜ多くの住民が了承しているのに、この施設建設が進まないのか」のような質問になると、その審議会委員の名前を直接答弁することはしなくても、どうしてもその反対者の存在について言及する必要が出てきます。こうなると、行政としては非常につらい答弁になってしまいます。これが、「この質問をすると、困る人が出てきます」ということになります。

こうした事情を議員に説明して、質問を取り止めてもらうという事態が生じてくるのです。

もちろん、議員によっては「かえって、この問題に注目してもらうためにも質問したほうがいいんじゃないか」と言う人もいます。また、確かに、行政としては、迷惑施設建設を前に進めるために、議員から応援の意味も込めて質問してほしいという思いもあります。その議員がその審議会委員と対立する関係であれば、相手をおとしめるためにも、あえて質問することもあるのです。

行政としては、こうしたケースでは判断に悩むところがあります。建設の推進を考えれば、その議員に同調することもありますが、その審議会委員との関係が壊れることも想定しなければなりません。

POINT 事情を説明すれば、わかってくれる可能性あり。

4 この課長に聞いても ムダと思わせる

　次に、質問の内容ではなく、「答弁する管理職が理由で質問させない」方法をまとめてみたいと思います。**本項と次項は、非常に危険な裏ワザ**で、積極的に推奨はできません。使うときは慎重にお考えください。繰り返しになりますが、自己責任ということで、ご了承願います。

❶ 答弁する管理職が理由で質問しない

　まずは、「この課長に聞いてもムダと思わせる」方法です。
　これはいくつかのパターンがあります。
　例えば、「この課長に質問しても、『ダメです』『できません』と否定的な答弁ばっかりだ。何を聞いても、成果のある答弁は期待できない。だから、この課長には質問しない」と思わせるものです。
　こういう管理職は、実際にいます。議員が質問しても、「できません」「困難です」などの否定的な答弁ばかりで、実のある答弁になりません。「議員のご提案をふまえまして、前向きに検討します」など、おそらく言ったことがないのではないか、というくらい、否定的な答弁ばかりするのです。
　議員は答弁によって成果を求めるので、質問しても何ら成果を得られない管理職に対しては質問しない、ということになります。

❷ 質問してもまともな答弁が返ってこない

　また、すでに述べた「言語明瞭・意味不明」型の答弁を繰り返すことによって、議員が「この課長に質問してもムダだ」と思うケースもあります。
　議員としては、「今の答弁は、結局、質問に対して答えていない。簡

潔明瞭に答弁願いたい」などと再質問することになり、ムダに時間を費やすことになります。しかし、その管理職の答弁は相変わらずの調子で、議員としてもさらにイライラが募ってくるのです。その結果、「あの課長に質問するのは、やめよう」という結論に達するのです。

また、他にも「何となく、あの課長には質問しづらい」と思われることはあります。「質問しても、一刀両断されてしまう」「いつも冷たい答弁ばかりで、リップサービスがまったくない」など、理由はさまざまです。

少々話はずれますが、議員と管理職には「相性」があります。質問と答弁がかみ合い、テンポよく進むと、聞いている側も気持ちがいいもので、質問している議員にとっても心地よく感じられます。そのため、その課長のポストが変わっても、その課長によく質問するというケースがあります。これは、議員に好かれてしまって、かえって質問されやすくなるという反対のケースです。

❸ 上司から見て許容される範囲か

もし、この方法を実際に行うとすれば、問題は上司などから見て許容されるかどうかにあります。首長などが「なんて答弁しているんだ！もっと、ちゃんと答えろ」などと怒るような答弁では、そもそも困ります。「質問とかみ合っていないけど、まあ、答弁にはなっているな」と許される範囲であれば、有効かもしれません。

なお、質問させないために、あえてこうした態度を議員にとり続けることが、その後の役所生活に有益がどうかは、各々が自己判断して考える必要があります。

> **POINT** その後の役所人生を天秤に掛けてでも、質問を避けたいかどうか考えよう。

▼5 わざとダラダラ答弁して、時間を浪費する

❶ 時間制が導入されている場合に有効な手法

　最後に、「わざとダラダラ答弁して、時間を浪費する」です。これは、一般的に時間制を導入している場合に有効です。
　例えば、予算委員会で質問と答弁の合計で議員1人30分の割り当てがあったとします。これは質問と答弁の1往復で30分ではなく、予算委員会が開催される数日間で、議員1人につき30分の割り当てがあり、その中で何回質問してもいいという制度のケースです。
　こうした場合、議員としては自分の質問したい費目（総務費や民生費など）で質問をし、いろいろな答弁を引き出したいと考えます。しかし、それを逆手にとって、**わざとダラダラ答弁で、相手の持ち時間を消費して、相手が後半に質問できる機会をつぶしてしまう**のです。
　答弁の時間が長ければ長いほど、議員の持ち時間は減っていくため、野党会派の議員対策として、この手法を使う場合もあるようです。つまり、野党議員の質問を減らすため、行政側が一体となって、野党議員の質問に対して、わざと丁寧すぎる答弁をするのです。途中で「もっと簡潔に答弁を！」とヤジが飛んでも、丁寧な答弁を繰り返す。相手がしびれを切らし、再質問の冒頭で「もっと簡潔に答弁を」と繰り返し要求してきても、おかまいなしに時間をかけて答弁してしまいます。これによって、時間はなくなり、質問つぶしができます。あまりに露骨だと、当該会派からクレームがくるかもしれませんが。

❷ 「この課長には質問したくない」という気持ちを起こさせる

　時間制を導入していなくても、この手法が有効な場合があります。ダ

ラダラ答弁によって議員をイライラさせ、ストレスを与えれば、議員は質問しなくなります。

前項で、質問と答弁については議員と管理職との相性があることに言及しましたが、相性がよくないと議員に感じさせるのです。

あまり露骨にダラダラ答弁するのでなく、何となく質問と答弁の波長がうまく合っていないように感じさせるのです（例えば、質問と答弁がうまくかみ合っていない、質問に対して的確な答弁になっていないなど）。そのような微妙な感覚を議員に残すことができれば、議員もその管理職には質問しなくなります。

しかし、反面、これは議員の怒りを買う可能性もあるので注意が必要です。「そんな失礼な答弁をするのであれば、質問攻めにしてやれ」と、余計に質問される可能性もあります。そうすると、質問させる気持ちをなくさせるどころか、かえって質問を増やしてしまう事態にもつながってしまうかもしれません。

❸ 議員との関係

すでに退職した上司に、実際に前項と本項にある手法のいくつかを使って、質問が少なくなった管理職がいました。上司からどう思われていたかはわかりませんが、「あの課長に質問しても……」と一部の議員に思われていたのは事実です。

議員からは、質問がくることが少なくなり、また、業者を紹介されるなどのケースもなくなったといいます。そのように議員に思われることは、議員からの変な無理強いなどがなくなり、議員と一定の距離を置くことができるプラスの側面もあるでしょう。しかし、**長い公務員生活にどう影響するか、深く考える必要がある**ことは言うまでもありません。

> **POINT** 内容の薄い答弁は、そのまま評価に繋がるので、使うときには注意すべきテクニック。

●著者紹介

森下　寿（もりした・ひさし／筆名）

基礎自治体の管理職。
これまで企画、人事、財政といった内部管理部門から、保育、防災などの事業部門まで幅広い部署を経験。議会事務局職員の経験もあり、管理職としても10年以上に渡り、本会議・委員会で議会答弁を行ってきたベテラン職員。

どんな場面も切り抜ける！
公務員の議会答弁術

2017年8月15日　初版発行
2025年4月8日　9刷発行

　　　　著　者　　森下　寿
　　　　発行者　　関根　明
　　　　発行所　　学陽書房

〒102-0072　東京都千代田区飯田橋1-9-3
営業部／電話 03-3261-1111　FAX 03-5211-3300
編集部／電話 03-3261-1112
https://www.gakuyo.co.jp/

ブックデザイン／佐藤　博　DTP制作／越海辰夫
印刷・製本／三省堂印刷

Ⓒ Hisashi Morishita 2017, Printed in Japan
ISBN 978-4-313-18056-7 C2031
乱丁・落丁本は、送料小社負担にてお取り替えいたします。
[JCOPY]〈出版者著作権管理機構 委託出版物〉
本書の無断複製は著作権法上での例外を除き禁じられています。複製される場合は、そのつど事前に出版者著作権管理機構（電話03-5244-5088、FAX03-5244-5089、e-mail: info@jcopy.or.jp）の許諾を得てください。